글 서지원

어린이책에 꼭 필요한 지혜와 교양을 유쾌한 입담과 기발한 상상력과 즐거운 엉뚱함으로 재미있게 엮어 들려주는 이야기꾼입니다. 한양대학교 국문학과를 졸업하고 1989년 〈문학과 비평〉에 소설로 등단해, 현재 어린 시절 꿈인 동화 작가가 되어 하루도 빠짐없이 재미있는 글을 쓰고 있습니다. 쓴 책으로는 《빨간 내복의 초능력자 시즌1》《몹시도 수상쩍은 과학교실 1, 2, 3》《수학 도깨비》《즐깨감 수학일기》《즐깨감 과학일기》《어느 날 우리 반에 공룡이 전학 왔다》《훈민정음 구출 작전》《원더랜드 전쟁과 법의 심판》 등 많은 책이 있습니다.

그림 이진아

대학교에서 디자인을 전공하고 프리랜서 일러스트레이터로 다양한 작업을 하고 있습니다. 인디다큐페스티벌, 인디애니페스티벌, 서울여성영화제 등의 각종 포스터와 이미지를 만드는 작업을 했고, 《빨간 내복의 초능력자 시즌1》《청소년을 위한 고려유사》《생각이 크는 인문학》 시리즈, 《나쁜 고양이는 없다》《둥글둥글 지구촌 문자 이야기》 등에 그림을 그렸습니다.
www.jinahlee.com

감수 와이즈만 영재교육연구소

창의 영재수학과 창의 영재과학 교재 및 프로그램을 개발했습니다. 구성주의 이론에 입각한 교수학습 이론과 창의성 이론 및 선진 교육 이론 연구 등에도 전념하고 있습니다. 국내 최고의 사설 영재교육 기관인 와이즈만 영재교육에 교육 콘텐츠를 제공하고 교사 교육을 담당하고 있습니다.

와이즈만 과학동화
빨간 내복의 초능력자 시즌2
❷ 지구 속 비밀을 밝혀내다

1판 1쇄 발행 2018년 10월 25일
1판 7쇄 발행 2024년 5월 30일

서지원 글 | 이진아 그림 | 와이즈만 영재교육연구소 감수

발행처 와이즈만 BOOKs **발행인** 염만숙
출판사업본부장 김현정 **편집** 원선희 양다운 이지웅
디자인 윤현이 **마케팅** 강윤현 백미영 장하라

출판등록 1998년 7월 23일 제 1998-000170 **제조국** 대한민국 **사용 연령** 8세 이상
주소 서울특별시 서초구 남부순환로 2219 나노빌딩 5층
전화 마케팅 02-2033-8987 편집 02-2033-8983 팩스 02-3474-1411
전자우편 books@askwhy.co.kr **홈페이지** mindalive.co.kr

저작권자 ⓒ 2018 서지원
이 책의 저작권은 서지원에게 있습니다.
저자와 출판사의 허락 없이 내용의 일부를 인용하거나 발췌하는 것을 금합니다.

잘못된 책은 구입처에서 바꿔드립니다.

• 와이즈만 BOOKs는 (주)창의와탐구의 출판 브랜드입니다.

 차 례

작가의 말 _6
등장인물 _8

첫 번째 사건 **싱크홀에 빠지다** _11

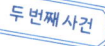 초능력자의 과학일기 **싱크홀은 어디에 생기는 것일까?** _50
초능력자의 과학일기 **싱크홀을 만드는 범인은 누구인가?** _51

두 번째 사건 **화산섬으로 향하다** _53

초능력자의 과학일기 **백두산이 폭발한다면?** _84
초능력자의 과학일기 **화산이 폭발할 때 나오는 건 뭘까?** _85
초능력자의 과학일기 **왜 화산 근처에 살까?** _85

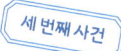 **원시 부족에게 체포되다** _87

초능력자의 과학일기 지진은 왜 일어나는 걸까? _124

 **화산 폭발에서 탈출하다** _127

초능력자의 과학일기 화산 폭발과 지진은 인류에게 나쁜 것일까? _156
초능력자의 과학일기 우리나라는 지진에 안전할까? _157
초능력자의 과학일기 유라시아판은 무엇일까? _157

작가의 말

관찰하고 탐구하고 질문하고, 외쳐요, 세렌디피티!

좀 모자라고 장난이 지나친 동네 아이 같지만, 사실 나유식은 아주 특별한 비밀을 갖고 있어요.

나유식은 천재 물리학자인 알버트 아인슈타인의 어린 시절을 닮았어요. 아인슈타인은 어릴 때부터 다른 사람들보다 더 오래 생각했어요. 궁금한 게 있으면 그냥 넘어가지 않는다는 것, 인내심을 갖고 끝까지 물고 늘어진다는 것, 이 점이 나유식과 비슷하지요. 호기심이 많은 아이들은 많지만, 그 호기심을 자신의 힘으로 끝까지 풀어내는 아이들은 많지 않아요. 이것이 나유식이 초능력자가 될 수밖에 없는 첫 번째 비밀이에요.

나유식은 뭔가를 이해하는 속도는 느리지만 특별합니다. 왜냐하면 '속도'가 아니라 '방향'을 잘 잡기 때문이에요. 바다 한가운데에 뗏목을 타고 떠 있다고 했을 때 속도보다는 방향이 중요한 것처럼, 나유식은 비록 빠르지는 않아도 고민을 많이 하고, 뭔가를 뛰어넘어서 생각할 줄 알아요. 이것이 나유식이 초능력자가 될 수밖에 없는 두 번째 비밀이에요.

또한 유식이는 질문을 많이 해요. 먼저 관찰을 하고, 그다음엔 발견, 마지막으로 질문을 하지요. 그러다가 번뜩 뭔가 떠오르는 순간, 초능력이 빠지직 생겨나지요. 뭔가 번뜩 떠오르는 걸 '세렌디피티'(Serendipity)라고 해요. '관찰'과 '탐구'를 통해서 '창의'가 꽃을 피우는

순간이지요. 이것이 나유식이 초능력자가 되는 세 번째 비밀입니다.

지금 세상에는 4차 산업 혁명이 일어나고 있어요. 앞으로 여러분이 살아갈 미래 사회에는 매우 복잡하고, 다양하고, 한 번도 경험해 보지 못한 낯선 문제들이 일어날 거예요. 그래서 미래에는 '문제를 해결하는 능력'을 갖춘 사람이 가장 뛰어난 인재가 된다고 해요. 그런 능력을 가지려면, 처음 부딪치는 낯선 문제라도 잘 파악하고, 해결의 실마리를 찾고, 다른 사람들과 의사소통을 잘해야 해요. 단순히 시험을 보기 위해 공부를 하는 것이 아니라, 창의적 상상력과 논리적 사고력을 갖춰야 해요.

나유식에게 만약 이 얘기를 들려준다면, "창의적 상상력? 논리적 사고력? 뭔 말인지 1도 모르겠어요."라고 할 거예요. 하지만 나유식은 자신도 모르게 문제 해결 능력을 키우고 있지요. 호기심을 자신의 힘으로 끝까지 풀어내려는 마음, 보통 사람들과는 다르게 생각할 줄 아는 마음, 그리고 관찰하고 발견하고 질문하고, "세렌디피티!"를 외칠 수 있는 마음을 갖고 있기 때문입니다.

유식이의 초능력의 마지막 비밀은 '실수'예요. 유식이는 실수를 두려워하지 않아요. 뭔가를 배울 때 가장 먼저 하는 게 실수예요. 하나를 배우면 또 다른 실수를 하고, 또 하나를 배우면 또 다른 실수를 해요. 이걸 반복하면서 우리는 성장합니다. 오늘보다 더 나은 내일을 위해 나아가려면 실수를 거듭해야 하는 것입니다. 실수해도 괜찮아요! 유식이처럼 도전해 보세요! 여러분이 초능력자 나유식입니다. 창의성을 폭발시키는 그 순간, 초능력이 뿜어져 나올 수 있도록 외쳐요, 세렌디피티!

서지원

등장인물

나유식

내 이름은 나유식, 별명은 너무식. 1학년 때부터 칭찬이라곤 받아 보지 못한 말썽쟁이야. 내가 피운 말썽은 호기심 때문이야. 난 호기심이 지독하게 많거든. 그래도 나의 활약으로 이번에 우리 가족은 처음으로 해외여행을 가게 됐어.

빨간 내복의 초능력자

어느 날 우주에서 떨어진 코딱지만 한 별똥별을 콧구멍 속에 넣은 후부터 초능력자가 되었어. 동네를 지키는 히어로야! 사람들은 내 정체를 궁금해하지. 누구냐고? 우헤헤에헹, 사실은 나야, 나유식. 그런데 요즘은 초능력이 좀처럼 안 돼서 걱정이야.

사이언스 패밀리

과학으로 똘똘 뭉쳐 있는 과학 가족이라고 할까? 아빠는 발명가의 꿈을 잃지 않은 가전제품 회사의 연구원이고, 엄마는 고등학교 과학 선생님이야. 누나는 나와 다르게 전교 1등을 다투는 과학 영재야. 아참, 누나는 눈썹이 별로 없어. 내가 초능력을 잘못 발휘해 누나의 눈썹을 태웠거든.

아인슈타인

아이큐 180. 20세기 최고의 천재 과학자 알버트 아인슈타인이야. 1955년에 세상을 떠났지. 뇌가 240개 조각으로 잘린 채 말이야. 그런데 그거 아니? 아인슈타인이 다시 살아났어. 어디에 있냐고? 바로 나의 뇌 속에!

루나

텔레비전에 날마다 나와서 전 국민이 모르는 사람이 없을 정도로 유명한 아역 스타야. 어느 날 갑자기 우리 반으로 전학을 왔어. 그런데 요새 루나가 나에게 부쩍 관심을 보이기 시작해.

부족장

반투투 부족의 부족장. 드래건을 신으로 섬기며, 육지인들이 섬을 오염시킨다는 이유로 우리를 증오해. 나를 드래건에게 제물로 바치려고 해.

노주코 밤

트리타섬에 사는 반투투 부족의 주술사. 위기에 처한 자신의 부족을 누군가가 구해 줄 거라고 믿고 기다려. 비밀이 있는 미스터리한 소녀지.

첫 번째 사건

싱크홀에 빠지다

여름 방학이 시작되기 일주일 전, 나의 뇌 속에 아인슈타인 박사님이 산다는 걸 알게 됐다. 인류 역사상 가장 위대한 천재 물리학자이자 60여 년 전에 이미 세상을 뜬 알버트 아인슈타인 말이다.

아인슈타인 박사님이 나의 뇌 속에 살게 된 사연은 미스터리하고 서프라이즈하면서 서스펜스해서 다 설명할 수가 없다(궁금한 친구는 1권을 보길 바란다).

아참! 내 소개가 늦었다. 내 이름은 나유식, 별명은 너무식. 우리 반에서 제일 무식하다고 붙은 별명이다.

하지만 나는 무식하지 않다. 단지 내가 알고 있는 것이 교과서에 나오지 않을 뿐이다! 왜 선생님은 내가 알고 있는 것은 물어보지 않고, 모르는 것만 물어보는 걸까? 이것도 미스터리하고 서프라이즈하면서 서스펜스하다.

어쨌거나 내 머릿속에 살고 있는 아인슈타인 박사님 때문에 나는 별명이 또 하나 늘었다.

침 흘리는 방아깨비!

이 별명을 붙여 준 사람은 다름 아닌, 우리 반 담임인 에 선생님이다.

"에, 나유식! 방아깨비처럼 꾸벅꾸벅 조는구나!"

2교시 과학 수업 시간, 에 선생님의 호통 소리가 천둥처럼 귀를 때렸다. 나도 모르게 벌떡 일어났고, 내 입에서 주절주절 이런 말이 쏟아졌다.

"한 그릇에 두 가지 맛, 짬짜면 7,000원, 볶짬면 7,500원, 여름 맞이 냉면 이벤트 실시, 쿠폰 10장에 군만두 서비스, 호텔 주방장이 직접 하는 중화요리 비룡, 주문 번호는 070-870-77……."

'이게 뭐지? 내 입에서 왜 녹음이 된 것처럼 중국집 메뉴가 흘러나오지?'

"쯧쯧쯧……."

에 선생님의 혀 차는 소리, 나를 이상하게 쳐다보는 62개의 반짝이는 눈동자들.

"유식이 책 좀 봐라. 흘린 침으로 지도를 그렸구나."

"푸하하하하, 그럴 줄 알았어." 하고 아이들이 책상을 두드리며 웃었다. 귓불까지 빨갛게 달아올랐다.

"1교시에도 졸고, 쉬는 시간에 자고, 2교시에도 졸고……. 대체 어젯밤에 뭘 한 거냐? 설마 중국집 배달 다니는 건 아니겠지?"

"그, 그럴 리가요."

내가 왜 중국집 전단지를 줄줄 외우고 있던 걸까? 기억을 더듬어 봤다.

아, 그렇지! 아침에 학교 오는 길에 전봇대에 붙어 있던 전단지를 힐끔 봤다. 1초도 안 되는 순간이었는데, 전단지 내용을 송두리째 암기했다.

나는 머리가 지나치게 좋아지고 말았다. 지능 지수 179의 슈퍼 기억력을 가진 천재가 된 것이다.

얼마 전까지만 해도 곱셈구구 8단이 헷갈릴 정도였다. 그런데 하룻밤 사이에 무엇이든 한번 보기만 하면 사진 찍히듯 머릿속에 찍혀 잊어버리지 않게 됐다. 아인슈타인 박사님이 준 능력 덕분이다.

휙휙 지나가는 자동차들의 번호판, 길거리 간판에 적힌 전

화번호들, 사람들이 신은 구두의 색깔과 옷의 종류, 책장에 꽂혀 있는 책들의 순서, 에 선생님이 '에'를 언제, 어디서, 몇 번 했는지 등이 모조리 기억되는 것이다.

아이큐 179의 슈퍼 기억력을 가지면 좋은 일이 생길 줄 알았다. 나를 무식하다고 놀리는 아이들을 깜짝 놀라게 할 줄 알았다. 그런데…….

오, 정반대였다! 맙소사!

내 머릿속은 쓰레기통처럼 온갖 쓸데없는 것들이 잔뜩 쌓여 버렸다. 더 큰 문제는 잊어버리려고 해도 잊혀지지 않는다는 것이다.

'잊고 싶어! 제발 잊어버리고 싶다고! 중국집 전단지, 떡볶이집 메뉴판, 자동차 번호판, 문구점 아저씨의 남은 머리카락 개수 등 다, 다, 다 지우개로 싹싹 지우고 싶어!'

이건 다 아인슈타인 박사님 때문이었다. 학교에서 돌아오는 길에 깡통을 캉, 걷어차면서 소리쳤다.

"나오세요! 박사님, 그만 나오시라고요!"

나의 뇌 속에 사는 아인슈타인 박사님을 불렀다.

"드르렁, 쿨, 드르르렁, 쿨."

코 고는 소리가 우렁차게 들렸다.

"안 주무시는 거 다 알아요. 빨리 안 나오시면 깻잎 먹을 거예요!"

깻잎이라는 말에 박사님은 깜짝 놀란 모양이었다.

"나한테 왜 그러니, 또."

박사님이 나를 달랬다. 박사님은 깻잎 냄새를 제일 싫어했다. 외국 사람인 박사님은 깻잎 냄새를 처음 맡아 봤다고 했다. 향긋한 향이라서 고기와 쌈 싸 먹으면 맛있는데, 아인슈타인 박사님은 지독하고 독특해서 토할 것 같다고 했다.

"어젯밤에 뭘 하셨어요? 제 몸으로 뭘 하셨는데 저를 하루 종일 병든 병아리처럼 꾸벅꾸벅 졸게 만들었냐고요?"

아인슈타인 박사님에게 따지듯이 물었다.

박사님은 "고양이, 그 괴상한 고양이 때문에……." 하고 근심스러운 목소리로 얼버무렸다.

그 순간, 어젯밤 사건이 머리를 스치고 지나갔다. 뒷덜미가 서늘해질 정도로 섬뜩한 사건이었다.

어두운 골목 저편의 건물 위에서 검은 그림자가 꿈틀거렸다. 그건 사람의 형체가 아니었다.

아인슈타인 박사님이 갑자기 "신호가 온다. 신호가 와!" 하면서 소리를 질렀다.

"무슨 신호가 와요?"

"나도 몰라. 전기가 짜르르 흐르는 것 같아."

어둠 속에서 도깨비불 같은 불빛 두 개가 번쩍거렸다. 서서히 드러나는 형체는 어떤 고양이였다.

그런데 고양이의 행동이 이상했다. 건물 벽에 세워 놓은 CCTV로 기어오르더니 앞발로 툭 쳐서 방향을 돌려 놓았다. 그러고는 창고 앞으로 내려와서 상자 위로 올라갔다. 창고 문의 무언가를 앞발로 누르는 것 같았다.

띠띠또따…….

'앗, 저건 번호 키를 누르는 소리인데!'

삐리리리, 하는 소리와 함께 창고 문이 열렸다. 어리둥절해서 나는 눈을 씀벅거렸다.

"박사님, 어떻게 고양이가 번호 키를 정확하게 눌러 문을 열 수 있는 거지요?"

"보통 고양이가 아니야. 조금 더 지켜보자."

그때부터 더욱 놀라운 광경이 펼쳐졌다.

고양이는 창고 문을 열고 여유롭게 들어가 생선을 꺼내 왔

다. 그리고 사람처럼 벽에 느긋하게 기대 앉아 생선을 맛있게 뜯어 먹었다.

생선을 다 먹어 치운 고양이는 검은 비닐봉지 안에 생선 뼈를 넣더니 건물 밑 쓰레기통으로 휙 던져 버렸다. 안 먹은 것처럼 감쪽같이 치워 놓고는 다시 어둠 속으로 유유히 사라졌다.

"어젯밤에 본 그 고양이가 보통 고양이가 아니라는 건 너도 알지?"

아인슈타인 박사님이 물었다.

"물론이죠. 번호 키를 눌러 생선을 꺼내 먹고 사람들에게 들킬까 봐 뒤처리까지 깔끔하게 한 천재 고양이는 지구상에 단 한 마리뿐일 거예요."

"그 고양이의 지능은 사람만큼 좋을 거야. 어쩌면 보통 사람보다 더 좋을 수도 있지."

"어제 신호가 온다고 하셨잖아요. 무슨 신호였어요?"

"아마 나의 뇌에서 보내는 신호인 것 같아. 고양이가 나타나는 순간, 나의 또 다른 뇌 조각이 근처에 왔다는 느낌을 받았지. 나의 뇌는 수백 개로 나뉘어져 곳곳에 흩어져 있지 않니?"

"그, 그렇지요."

"나는 나의 뇌 조각들과 보이지 않는 끈 같은 것으로 연결돼 있나 봐. 그래서 짜르르르 하고 전기 신호가 온 거야. 인간의 뇌세포들은 전기 신호로 서로 정보를 주고받으니까 말이야."

뇌의 구조에 대해서는 나도 어느 정도 알고 있어서 아인슈타인 박사님의 말뜻을 바로 이해했다(뇌와 전기 신호에 대해 궁금하다면 1권을 읽어 보길).

나는 당황해서 다시 질문했다.

"그렇다면 그 고양이도 박사님의 뇌를 먹었다는 뜻인가요? 고양이 뇌 속에 박사님의 뇌가 살아 있다고요? 언제요? 어떻게요?"

"그건 나도 몰라. 이해할 수 없는 일이 한두 가지가 아니야. 어떻게 그 고양이가 나의 뇌 일부를 먹게 되었는지, 그리고 그걸 먹었다고 하더라도 어떻게 고양이한테서 나의 뇌가 다시 살아날 수 있는 것인지 도무지 알 수가 없구나."

아인슈타인 박사님은 "으흠." 하면서 생각에 잠겼다.

나의 뇌 속에 아인슈타인 박사님이 되살아난 것은 별똥별 때문이다. 나는 별똥별의 파워를 가진 초능력자라서 아인슈타인 박사님의 뇌가 다시 살아나게 에너지를 줄 수 있었다.

그러나 보통 사람이나 고양이 같은 생물이 뇌를 먹는다고 해서 뇌가 다시 살아날 수는 없다. 소화가 되어 똥으로 나올 뿐이다.

"천재 고양이를 보고 난 후 나는 심각한 고민에 빠졌어. 그래서 컴퓨터와 인터넷으로 나의 뇌에 대해 검색해 보기 시작했지. 밤을 꼬박 새워 정보의 바다를 헤치고 다녔지."

"밤을 새우셨다고요? 어이쿠! 그래서 제가 학교에서 방아깨비처럼 시도 때도 없이 졸았던 거군요!"

어처구니가 없던 나는 이마를 철썩 쳤다.

"미안하게 됐다. 너무 복잡한 일이라 빨리 끝낼 수 없었어. 그러나 구글에서 만든 인공 지능 알파고가 도와줘서 많은 걸 알게 됐지. 앞으로 알파고와 친구 먹기로 했다."

아인슈타인 박사님은 뭔가를 해냈다는 듯이 기운차게 말했다. 인공 지능과 친구가 되다니!

"그래서 뭔가를 알아내셨나요?"

"알아냈지. 유식아, 잘 들어라. 지금 지구 곳곳에서 몹시도 수상쩍은 흔적들이 보이고 있어. 과학적으로 설명하려고 해도 도저히 설명할 수 없는 사건들이 여러 나라에서 벌어지고 있

지. 고양이는 그 사건 중의 하나일 뿐이야. 앞으로 더 큰 사건들이 줄줄이 일어날 거 같아. 인간의 힘으로 막을 수 없는 엄청난 사건들 말이야."

아인슈타인 박사님의 심각한 말투에 나는 너무 긴장해서 마른침을 삼켰다.

"어떤 사건인데요? 설마 지구가 멸망이라도 하겠어요? 생선을 훔쳐 먹는 고양이 때문에?"

나는 장난스럽게 말했지만, 아인슈타인 박사님의 목소리는 결코 가볍지 않았다.

"그 이상은 나도 알지 못해. 한 가지 확실한 것은, 앞으로 벌어질 사건을 해결할 사람은 너밖에 없다는 거야."

"제가요? 에휴, 저를 과대평가하시네요. 저는 아직 초등학교 5학년이에요. 그리고 이제는 초능력을 거의 잃어버려서 파리 한 마리도 잡을 수 없을 지경이에요. 저는 영화에 나오는 히어로가 아니라고요."

나는 손사래를 치면서 어이가 없다는 표정을 지었다. 솔직하게 말하면 자신감도, 용기도 없었다. 나는 어설프고 좀 모자란 초능력자니까.

물론 아인슈타인 박사님 덕분에 초능력을 발휘하는 게 조금 쉬워지긴 했다. 초능력을 발휘하려면 과학 원리를 완벽하게 깨우쳐야 하는데, 결코 쉬운 일이 아니다. 그런데 천재 과학자인 아인슈타인 박사님이 내가 과학의 원리를 잘 깨우치도록 도와주면 초능력이 불끈 생기는 것이다.

"유식아, 너는 해외여행을 가 본 적이 있냐?"

갑자기 아인슈타인 박사님이 뜬금없는 질문을 했다.

"아니요. 제주도로 가족 여행을 다녀온 것 말고는 없어요."

"일주일 후면 여름 방학이지 않느냐. 집에 가서 얼른 컴퓨터를 켜라."

그때 등 뒤에서 나를 부르는 소리가 들렸다.

"너무식, 누구랑 얘기하는 거야?"

우리 반 반장 김치곤과 정욱이, 통통한 공자가 나를 수상한 눈초리로 쳐다봤다.

"아무것도 아니야. 혼자 노래한 거였어. 룰루랄라."

등줄기로 식은땀이 흘렀다.

"아니잖아. 아인슈타인 박사님이 어쩌구, 지구 멸망이 저쩌구 했잖아. 우리가 아까부터 따라오면서 다 들었거든!"

대충 얼버무리려고 했지만, 빠져나갈 구석이 없었다. 공자가 다가와 내 이마에 손을 얹었다.

"쯧쯧쯧, 열은 없는데 요즘 하는 짓이 너무 수상해. 칠판에 낙서를 하고 쓰러지지 않나, 하루 종일 졸지 않나, 중국집 메뉴판을 달달 외우질 않나. 아무래도 정신이 들락날락 외출하는 것 같아."

"정신이 외출을 하다니? 그게 무슨 말이야?" 하고 내가 물었다.

"돌았다고! 어서 정신병원에 가 봐! 넌 환자야."

공자의 말에 정욱이와 치곤이는 배를 잡고 웃었다. 졸지에 정신병자가 되고

말았다. 빨리 자리를 피하고 싶었다.

"저길 봐! 참새가 방귀를 뀐다!"

나는 하늘을 가리키며 소리쳤다.

"어디? 어디에?"

아이들이 하늘을 살피는 동안 나는 재빨리 집으로 도망쳐서 문을 걸었다. 휴, 하고 한숨을 길게 내쉬었다. 정체가 탄로 날 것 같아서 좀 더 조심해야겠다고 마음먹었다.

아인슈타인 박사님이 시키는 대로 컴퓨터를 켜서 인터넷에 접속했다.

"이게 무슨 뜻이에요?"

"지금 네가 보고 있는 지도는 지구가 멸망해도 가장 안전한 14곳을 표시한 지도야. 우리는 이 14곳 중에 한 곳으로 갈 거란다."

깜짝 놀란 나는 눈이 휘둥그레졌다.

"지구가 멸망하나요? 우리가 피난을 가야 하나요? 아까 해외여행 간다고 하시지 않았나요?"

"우리가 가야 할 곳은 트리타섬이야. 세계에서 가장 외딴섬이라고 불리는 곳이지."

트리타섬을 클릭해 보았다. 대서양 남단에 있는 작은 섬으

로, 여기서 사람이 사는 가장 가까운 지역도 무려 2,429km나 떨어져 있다고 한다.

"이곳은 3차 세계 대전이 일어나도 안전한 곳이라고 해. 허허, 그렇다고 그렇게 겁먹을 필요는 없어. 우리는 여름 방학을 맞아 가족 여행을 가는 거니까."

"왜 거기까지 가는 건데요?"

"그곳에 우리가 꼭 찾아야 할 물건이 있어. 네가 믿을지 모르겠지만, 그곳에 미래를 알려 주는 '마법의 소라고둥'이 있다는 소문이 있단다."

머리가 띵, 하고 어지러웠다. 내 인생은 왜 이렇게 파란만장할까? 갑자기 예상하지 못한 일들이 너무 많이 일어나고 있었다.

"박사님은 모르시는 게 없는 것 같지만, 정작 저희 집 형편은 모르시나 봐요. 트리타섬까지 가는 건 저희 가족에게는 지구가 멸망해도 불가능한 일이에요."

나는 체념의 한숨을 푹 내쉬었다.

"그건 왜?"

"우리 집은 대서양의 작은 섬까지 여행을 갈 정도로 부자가 아니에요. 제주도 여행도 3년 동안 적금을 들어서 간신히 간

거거든요."

"허허허." 하고 박사님이 웃었다.

"걱정 말고 동전만 챙겨라."

"동전이라고요?"

"그래, 동전 딱 한 닢이면 돼. 그거면 모든 여행 경비를 마련할 수 있어."

나는 얼떨떨했지만 더는 물을 필요가 없었다. 박사님이 계획해 놓은 대로 따르면 된다고 했으니까.

"아참, 슈퍼 기억력은 이제 그만 멈춰 주세요. 뭐든지 다 기억해서 머릿속이 얼마나 복잡하고 피곤한지 모르겠어요."

"거봐라. 내가 경고했잖니. 지능이 높다고 다 좋은 건 아니라니까. 아훔, 졸리다. 오늘은 여기까지."

그 말과 함께 박사님은 코를 드르렁 골면서 깊은 잠에 빠졌다. 확실히 박사님은 잠을 많이 잤다. 하루에 15시간 이상씩 곯아떨어졌다. 박사님은 240개로 조각이 난 뇌의 단 한 조각만을 썼기 때문에 정상적으로 활동할 수 있는 시간이 매우 짧았다.

'마법의 소라고둥이라니? 그건 만화 영화에나 나오는 거 아닌가?' 하는 의문이 들었다. 설마 아인슈타인 박사님이 만화 영화를 사실로 믿는 것은 아닌지 의심이 점점 커졌다.

"너꼴등! 방, 안 치울 거야? 학교 갔다 오자마자 컴퓨터나 하니까 꼴등 하지."

나일등인 누나가 방에서 나오면서 잔소리를 해 댔다.

엄마 아빠가 없을 때에는 누나 말을 잘 들어야 한다. 누나가 "공포의 불고기!" 하면서 내 볼을 잡아당기면 눈물이 찔끔 나기 때문이다.

나는 누나 때문에 가죽이 늘어나 탄력을 잃은 것 같은 볼을 문지르면서 방으로 들어갔다.

방 안엔 온통 책이 널브러져 있었다. 내가 보지 않던 어려운 과학책들이었다. 베개로 써도 될 정도로 두껍고 무거운 책들을 낑낑거리며 책장에 꽂았다.

우리 가족은 자칭 사이언스 패밀리라서 전문적인 과학책들이 많다. 그렇지만 너무 어려워서 내가 보지 못하는 책들이 대부분이다.

"어? 이게 뭐지?"

펼쳐진 책에는 뭔가를 반으로 싹둑 자른 그림이 그려져 있었다. 붉고, 검고, 뜨거워 보여서 꽤나 신비로웠다.

그런데 그건 바로 지구였다! 지구를 사과처럼 반으로 싹둑 자른 모습이었다.

　나는 예전부터 지구 깊은 곳에 무엇이 있을지 궁금했다. 난 호기심이 많으니까.

　그래서 서너 살 때부터 땅 파기 전문가가 되어 땅을 파기 시작했다. 나뭇가지로, 장난감 모종삽으로, 막대기로, 뭐든 길쭉한 것이 있으면 땅을 파고 또 팠다.

　가장 깊게 팠던 것은 초등학교 2학년 때였다. 마음을 단단

히 먹고 삽을 갖고 공원 놀이터로 가서 모래밭을 파기 시작했다. 땅속에서 금이나 은, 다이아몬드, 그게 아니면 석유라도 펑펑 쏟아져 나올 거라고 생각했다. 보석이 나오면 아이들에게 하나씩 주겠다고 약속하고 나를 도와 땅을 파라고 시키기까지 했다.

어느새 놀이터에는 엄청나게 깊고 큰 구덩이가 생겼다. 해가 저물도록 땅을 팠지만 흙과 돌멩이밖에 안 나왔다.

나중에 공원 관리인 아저씨가 잔뜩 화가 나서 고함을 지르며 달려왔다. 우리는 삽을 버리고 도망쳤다. 엄마한테 옷을 버렸다고 혼이 났고, 아빠한테 삽을 잃어버렸다고 또 혼이 났다.

그런데…….

책에 나온 지구의 깊은 곳은 내가 상상했던 그런 모습이 아니었다!

지구는 달걀 같았다!

얇은 껍질 속에 물컹거리는 흰자와 노른자가 있고, 삶아 먹고 프라이를 해 먹는 달걀 말이다. 책에서 본 지구의 모습은 이러했다. 지구 깊은 곳에 무엇이 있냐고? 놀라지 말길 바란다.

지구 속에 핵이 있다!

그렇다면 지구가 핵폭탄? 혹시 핵폭발을 하는 건 아닐까?

깊고 깊은 지구 속에 무엇이 있냐고?

우리가 서 있는 땅은 지구의 가장 바깥 부분이야. 지구 속은 흙이나 돌로 채워져 있을 것 같지만, 실제 지구 속은 땅과는 아주 다른 물질들로 채워져 있어.

여기서 놀라운 사실! 지구 속에는 액체가 있어.

더 놀라운 사실! 그 액체는 금속이 녹은 것인데, 뭐든지 녹여 버릴 정도로 엄청나게 뜨거워. 만약 사람이 들어간다면? 히익!

지구를 좀 더 자세히 살펴봐야겠어!

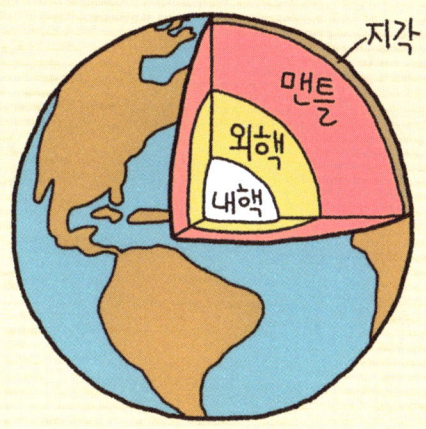

지각 : 달걀이 노른자, 흰자, 껍질로 되어 있는 것처럼 지구도 핵, 맨틀, 지각 등 여러 층으로 이루어져 있지. 우리가 밟고 서 있는 지구 표면이 지각이야. 깊이는 대략 30~60km 정도라고 해.

> **맨틀** : 지각 밑으로 들어가면 맨틀이 나와. 맨틀은 유동성이 있는 고체야. 깊이가 약 2,900km까지 된다고 해.
> **외핵** : 맨틀을 뚫고 들어가면 외핵이 나와. 이건 철이나 니켈 같은 금속으로 돼 있는 액체야. 외핵은 엄청나게 뜨거워서 뭐든지 녹여 버릴 정도야. 온도가 무려 3,700℃~4,300℃라고 해.
> **내핵** : 복숭아씨같이 가장 깊은 곳에 있는 단단한 알갱이가 바로 내핵이야. 엄청나게 단단하고 뜨거운 금속 덩어리야. 왜 녹지 않냐면, 압력이 높기 때문이야. 아주 높은 압력을 받아서 공 모양의 고체로 뭉쳤어.

아, 다행히 지구 속에 있는 핵은 핵폭탄의 핵이 아니었다. 중심이란 뜻이었다. '코어(core)'라고 부르면 더 유식해 보인다. 내 이름처럼.

그런데 나의 궁금증은 이것으로 해결되지 않았다.

'지구 속은 왜 달걀처럼 생겼을까? 겉이 단단한 호두나 수박같이 생기지 않은 걸까?'

'핵은 어쩌다가 생긴 거지? 핵은 왜 금속 덩어리지? 다이아몬드 덩어리나 바윗덩어리가 아니고?'

'지구 속에 누가 들어갔다 왔나? 어떻게 알아낸 거지?'

이런 질문을 하면, 친구들은 보나마나 이렇게 나를 망신 줄 것이다.

"너무식, 달걀이 왜 달걀처럼 생겼냐고 하면 어떻게 대답해? 지구는 원래 그렇게 생겼기 때문에 그런 거야. 넌 그래서 무식해."

상관없다. 어차피 나는 친구들에게 쓸데없는 생각을 많이 하는 애로 찍혀 버렸으니까.

이 호기심들을 풀려고 책을 뒤적거리다가 졸음이 쏟아져서 그만 책에 얼굴을 묻고 잠들어 버렸다.

다음 날, 3교시는 체육 시간이었다. 체육 선생님은 고릴라처럼 콧구멍이 크고, 팔과 다리에 털이 숭숭 났다. 특히 체력 테스트를 좋아했다.

"여름 방학까지 일주일도 안 남았어. 목표로 정했던 줄넘기 30회는 모두 할 수 있겠지?

설마 아직도 못하는 학생이 있나?"

아이들은 "있어요!" 하고 큰 소리로 대답하면서 동시에 공자를 쳐다봤다.

공자는 줄넘기 10회도 못하기 때문이다. 줄넘기 시간이 되면 공자는 얼굴이 창백해지면서 오줌이 마렵다고 화장실을 들락거렸다.

체육 선생님은 공자에게 앞으로 나와 줄넘기를 해 보라고 했다. 공자는 시작도 하지 않았는데 이마에서 땀이 흘렀다. 통통한 공자가 뛸 때마다 바닥이 쿵쿵 울렸다.

"하나, 둘, 셋, 넷……."

공자는 다섯 번을 넘기지 못했다. 다시 시도했지만, 또 실패, 실패, 실패의 연속이었다. 공자는 영원히 성공을 못할 것 같았다. 비참하다는 건 이럴 때 쓰는 말이었다.

참다못한 체육 선생님은 공자에게 30회를 20회로, 다시 10회로 줄여 주었다. 딱 10회만 하면 목표 달성을 하고 테스트에 통과시켜 주겠다고 했다.

"…… 일곱, 여덟, 열! 뿌웅!"

공자는 아홉 번을 뛰었는데 열 번이라고 셌다. 동시에 힘차게 방귀를 뀌었다.

"성공이다아아앗! 내가 열 번을 해내다니!"

공자는 무릎을 꿇고 두 손을 모으며 금메달을 딴 것 같은 감격스러운 표정으로 눈물을 훔쳤다.

그 순간, 우르르 땅이 흔들렸다. 공자는 손을 내저었다.

"내가 그런 게 아니야! 내가 방귀 뀌어서 그런 게 아니야!"

모두 놀라서 주변을 둘러봤다.

다시 고요해지는가 싶더니, 운동장 한가운데의 흙이 조금씩 무너져 내렸다.

쿠루르르르, 쿠르르.

땅이 조금씩 꺼지기 시작했다. 마치 소용돌이에 빠져들어 가듯이 흙이 빨려 들어갔다.

"으아아아악!"

공포에 질린 우리는 뛰어서 도망쳤다.

쿠아아아앙.

어느새 운동장 한가운데에 거대한 싱크홀이 생겨 버렸다.

"침착해라. 위기 상황일수록 침착해야 해."

그렇게 말하면서 얼굴이 하얗게 질려 제일 덜덜 떠는 사람은 체육 선생님이었다.

"다들 안전하지? 누구 안 보이는 친구 없지?"

"선생님! 루나가 안 보여요."

"루나? 지난주에 전학 온 아이돌 스타 루나?"

아이들이 루나를 부르면서 찾았지만, 루나는 없었다.

선생님은 어떻게 하면 될지 몰라 안절부절못하다가 "119, 119." 하면서 휴대폰을 찾았다. 그런데 휴대폰을 교무실에 두고 왔다는 걸 알게 됐다.

"얘들아, 꼼짝 말고 여기에 있어라. 싱크홀 근처로 가면 안 돼!"

선생님은 헐레벌떡 교무실로 뛰어갔다.

"루나야! 루나, 어디 있니?" 우리는 다 함께 크게 외쳤다.

"여기야. 도와줘!"

어디선가 희미하게 루나 목소리가 들렸다. 맙소사! 그건 싱크홀에서 나는 목소리였다.

나는 싱크홀 쪽으로 기어갔다. 아이들이 말렸지만, 망설일 수 없었다.

고개를 내밀어 조심스럽게 싱크홀 안을 들여다봤다.

캄캄하고 어두운 구멍은 검은 입을 가진 무시무시한 동물 같았다. 바닥이 얼마나 깊은지 짐작조차 할 수 없었다.

그런데 귀퉁이에 루나가 보였다. 흙을 뒤집어쓴 채 좁은 바위에 간신히 무릎을 대고 몸을 지탱하고 있었다.

"루나가 보여! 루나는 무사해!"

나는 아이들을 향해 소리쳤다. 아이들이 "우와!" 하면서 안도의 숨을 내쉬었다.

그제야 스피커를 통해 학교에서 방송이 나왔다.

"지금 운동장에 싱크홀이 생겼습니다. 학생들은 선생님들의 지시에 따라 안전하고 빠르게 대피하시기 바랍니다. 곧 소방차가 올 것입니다. 싱크홀 주변에서 멀리 떨어져 안전한 곳으로 긴급 대피해 주세요."

또다시 흙이 후두둑후두둑 떨어졌다.

"으아앗! 살려 줘!"

루나는 공포에 빠진 목소리로 비명을 질렀다. 싱크홀은 언제 무너질지 모르는 상황이었다. 루나가 저 깊은 싱크홀로 빠져 버릴 수 있었다.

"박사님, 박사님, 나오세요! 이럴 때 어떻게 하죠?"

나는 애타게 아인슈타인 박사님을 불렀지만, 답이 없었다. 어제 오후 이후로 박사님은 깊은 잠에 빠져 버렸다.

"아후, 답답해! 꼭 필요할 때 안 나타나셔. 이럴 때 나의 초능력이 나와야 하는데!"

심장이 두근두근 터져 버릴 것 같았다.

"유식아, 그만 돌아와! 위험해! 소방관이 곧 올 거야!"

저 멀리 아이들이 걱정하는 목소리가 들렸다. 특히 희주의 목소리가 가장 컸다.

그러나 싱크홀은 계속 무너져 내렸다. 그때마다 어둠 속에서 루나의 비명이 울려 퍼졌다. 나는 루나를 홀로 두고 갈 수 없었다.

"루나야, 걱정 마. 내가 구해 줄게. 움직이지 말고 가만히 있어!"

나는 아이들에게 줄넘기를 던지라고 했다.

나는 줄넘기 여러 개를 하나로 단단하게 이어서 묶었다. 줄넘기 한쪽을 나무에 묶고, 다른 쪽은 내 몸에 묶었다.

싱크홀로 들어가기 위해 상체를 숙였다. 검은 어둠이 입을 크게 벌린 채 나를 삼키려는 것 같았다.

그 순간, 문득 어제 읽었던 책 생각이 났다.

이상하게도, 어제 책에서 본 지구 속의 모습이 떠올랐다.

'지구 속은 어쩌다가 달걀처럼 생겼을까? 핵은 왜 지구 속에 있는 걸까?'

혹시 눈으로 확인할 수 있을까, 싶은 생각마저 들었다.

그러자 콧구멍 속에 넣어 두었던 별똥별이 반응이라도 하듯

후끈 달아올랐다. 나는 줄넘기에 매달려 싱크홀로 들어갔다.

"루나야, 나, 여기 있어. 내 손을 잡아."

그러나 줄넘기는 내가 예상한 것처럼 튼튼하지 않았다. 순식간에 뚝, 하고 끊어지면서 내 몸은 싱크홀로 휘익 빨려 들어갔다.

"으아아아아악!"

비명이 터져 나왔다.

"유식아! 안 돼!"

루나의 목소리가 들렸다.

잠시 후, 눈을 떴다.

이게 무슨 일일까? 나는 어떻게 됐을까? 주변은 캄캄한 어둠이 감싸고 있었다.

이곳이 천국일까, 지옥일까?

캄캄한 걸 보니 지옥인 것 같았다. 살아 있을 때 착한 일을 많이 할걸, 하고 후회했다.

고개를 들었다. 파란 하늘이 보였다. 그건 학교 운동장의 하늘이었다.

나는 주변을 둘러봤다. 내 몸이 놀랍게도 싱크홀의 벽을 디디고 서 있었다. 마치 스파이더맨처럼 싱크홀의 벽을 타고 걸

어갈 수 있었다.

"루나, 내 손을 잡아."

벽에 발을 붙이고 서 있는 내 모습을 보고 루나의 눈이 휘둥그레졌다. 유령을 본 것마냥 놀란 표정이었다. 나는 루나에게 마음을 놓으라고 살짝 미소를 지어 보였다.

"영차!"

나는 루나를 등에 업고 초능력을 발휘해 싱크홀의 벽을 오르기 시작했다. 내 초능력은 아주 강력했다.

휴, 드디어 싱크홀 위로 무사히 올라왔다.

"살았어! 유식이가 루나를 구했어!"

저 멀리 있던 아이들이 기쁨에 찬 소리를 질렀다.

에 선생님과 체육 선생님, 우리 반 아이들이 나를 에워쌌다.

"나 좀 내려 줄래?"

루나가 부끄러운 듯한 목소리로 말했다.

그제야 루나가 무겁게 느껴져 털썩 바닥에 주저앉았다. 루나는 아야, 하면서 엉덩방아를 찧었다. 나와 루나는 머리부터 발끝까지 흙을 뒤집어썼다.

"햐! 너무식, 넌 정말 무식하구나!"

아이들이 혀를 내두르면서 감탄을 했다.

에 선생님이 나타나 눈을 부릅떴다.

"에, 에, 나유식! 이런 위험한 행동을 허락도 없이 하다니!"

나는 단단히 혼이 날까 봐 어깨를 움츠렸다.

"그래도 대견하구나. 네가 아니었으면 큰일 날 뻔했어."

에 선생님은 내 머리 위에 뽀얗게 내려앉은 흙을 털어 주었다. 나는 배시시 웃었다.

삐뽀, 삐뽀, 삐뽀.

소방차와 응급차가 교문으로 들어왔다. 루나의 매니저가 나타나 호들갑을 떨면서 루나를 걱정했다. 매니저는 루나를 응급차에 태웠다.

"유식아, 같이 가야지."

"헤헤, 난 아무렇지도 않아. 그리고 응급차는 시끄럽고 소독약 냄새 나서 딱 질색이야."

　　루나는 그제야 마음이 놓이는지 가볍게 입가에 미소를 띠었다. 얼굴이 온통 흙과 눈물로 얼룩져서 유명한 아이돌 스타로 보기 힘들 정도였다.

　　집에 돌아오자마자 흙투성이 몸으로 침대에 쓰러져 버렸다. 온몸이 돌멩이처럼 무거웠다.

　　콧구멍 속의 별똥별이 약간 화끈거리다가 원래대로 돌아왔다. 초능력이 완전히 사라졌다는 뜻이었다.

"유식아, 저녁 먹어. 어휴, 더러워. 좀 씻어."

　　잠에 빠졌던 나를 누나가 깨웠다.

"우리 동네에 무슨 일이 일어났나 보네. 방송국 차들과 기자들이 우리 집 근처에 잔뜩 몰려와서 야단법석이야."

　　퇴근해서 집으로 온 아빠는 소파에 앉아 TV를 켰다. TV에서는 뉴스 속보가 흘러나왔다.

"오늘 냉면 초등학교 운동장에서 지름 20m의 싱크홀이 발생하는 사고가 일어났습니다. 사고 당시 운동장에서 줄넘기 시험을 치르는 중이라 수십 명의 학생들이 모여 있었다고 합니다. 그런데 유명 아역 스타인 루나 양이 싱크홀에 빠지는 사고를 당했습니다. 학교의 CCTV에 찍힌 영상을 입수했습니다."

TV에서 공자가 펄쩍펄쩍 줄넘기를 하고는 아홉 번을 열 번이라고 우기는 모습이 보였다. 갑자기 땅이 무너지더니 싱크홀이 생겨났다. 그때 루나가 싱크홀에 빨려 들어가는 모습이 흙먼지 속으로 나타났다.

"엇! 유식아, 저건 너희 학교 아니야? 오늘 학교에서 사고가 났었니?"

잠시 후, 내 모습이 영상에 나타났다. 줄넘기들을 이어서 내 몸을 묶고 싱크홀로 들어가 루나를 업고 나오는 장면이 고스란히 나왔다.

"영상을 보셨듯이 믿기 힘들고 놀라운 일입니다. 초등학교 5학년 학생이 줄넘기를 이용해 루나 양을 구출한 것입니다. 이 학생은 너무식 군, 아, 죄송합니다, 너무식은 별명이고 나유식 군이라고 합니다. 어린 학생의 용감한 행동이 위험에 처한 생명을 구했습니다. 정말 위대한 일을 해냈습니다."

식탁에 둘러앉은 엄마, 아빠, 누나의 눈이 방울만큼 커져서 나를 향했다.

"방금 싱크홀에서 루나를 구출한 학생이, 유, 유, 유식이, 너니?"

딩동댕동.

그때 인터폰이 울렸다. 누나가 현관문을 열었다.

펑펑펑, 플래시가 터졌다. 카메라 불빛에 눈이 부셔 얼굴을 찡그렸다. 수많은 기자들이 마이크와 카메라를 내게 들이댔다.

"루나 양을 구한 나유식 군 맞습니까? 한 말씀 해 주세요. 무섭지 않았나요? 줄넘기를 이용하겠다는 생각은 어떻게 했나요? 루나 양과는 어떤 관계인가요?"

쾅.

나는 대답하지 못하고 문을 닫아 버렸다. 휴, 한숨을 내쉬며 주저앉았다. 내일부터 어떻게 밖에 나갈지 걱정이 몰려왔다.

 초능력자의 과학일기

싱크홀은 어디에 생기는 것일까?

갑자기 정체불명의 구덩이가 세계 곳곳에서 생겨나고 있어. 눈에 보이지 않는 땅속 구멍이 사람들의 발밑을 위협해.

과테말라의 과테말라시티: 도시 한복판에 깊이 100m의 싱크홀이 발생해 건물 20여 채가 구멍 속으로 추락했어.

중국 후난성: 학교 운동장에 지름 80m의 싱크홀이 발생했어.

영국 맨체스터: 자동차 도로에 싱크홀이 발생해 자동차들이 추락했어.

대한민국 인천: 왕복 6차선의 넓은 도로에 지름 12m, 깊이 27m의 싱크홀이 발생해 오토바이가 추락했어. 서울, 울산, 일산 등에서도 계속 발생하고 있다고 해.

도로에 난 싱크홀 © Wikimedia Commons

싱크홀을 만드는 범인은 누구인가?

싱크홀은 자연적인 현상으로 일어나기도 해. 지하수가 싱크홀을 만들기도 하지.

그러나 최근 들어 사람이 일으키는 경우가 많아졌어.

석회암 : 땅속에 지하수가 흐르면서 자연적으로 석회암 등이 녹아 사라져. 그러면 빈 공간이 생기고 싱크홀이 생겨.

수도관 : 낡은 수도관에서는 물이 새어 나와. 흙이 물과 함께 쓸려 가면서 빈 공간이 생기고 싱크홀이 발생해.

지하수 : 아파트 공사, 지하철 공사 등을 할 때 지하수가 빠져나올 수 있어. 물이 있던 공간이 비면서 싱크홀이 생겨.

도시 개발 : 도시 개발을 지나치게 하면 지반(땅의 표면)이 불안정해지고 약해져. 땅이 가라앉으면서 싱크홀이 생겨.

두 번째 사건

화산섬으로 향하다

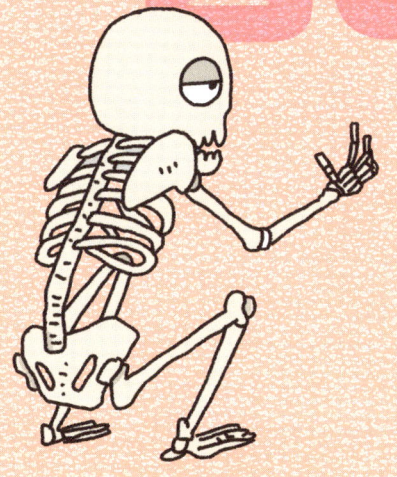

"**으아,** 지독한 냄새!"

아인슈타인 박사님이 소리쳤다. 나는 깻잎을 우걱우걱 씹어 먹었다.

"왜 이제야 나타나셨어요? 제가 얼마나 불렀는데요!"

"깻잎은 그만! 으아아악! 내 코!"

"코가 없으시잖아요. 우걱우걱, 쩝쩝쩝."

나는 단단히 삐친 듯한 말투로 투덜거렸다. 싱크홀에 빠졌을 때 도와주지 않았기 때문이다.

"제발 그만! 웩, 웩, 우웩!"

다행히 학교는 조기 방학을 했

다. 싱크홀의 위험 때문에 출입을 금지시킨 것이다.

그렇지만 나는 바깥에 나갈 수가 없었다. 집 앞에 파파라치 같은 기자들이 숨어 기다리고 있을 것 같았다.

집 안은 두꺼운 커튼을 쳐서 답답했다. 기자들이 창문을 두드리며 나를 찾아서 엄마가 두꺼운 커튼을 쳤기 때문이다.

기자들은 내게 관심이 있는 게 아니라, 루나와 나의 관계에 대해 궁금해했다. 이런 기자들에게 날마다 쫓기며 살아야 하다니, 루나가 문득 불쌍하게 느껴졌다.

"박사님, 제가 어떻게 싱크홀의 안쪽 벽을 걸어 다닐 수 있었을까요?"

컴컴한 집 안에 홀로 남은 나는 소파에 누워 별똥별을 만지작거렸다.

"지구에 대한 호기심을 가졌잖아. 지구 속은 왜 달걀처럼 생겼을까, 그리고 핵은 왜 지구 속에 있는 걸까, 그런 건 보통 아이들은 궁금해하지 않아. 역시 넌 특별한 구석이 있어."

아인슈타인 박사님의 말에 나는 약간 우쭐했다.

"그렇지만 보통 아이들도 호기심은 많은걸요. 공자는 500원짜리 동전이 콧구멍에 몇 개나 들어가는지 궁금해서 넣었다가 나오지 않아서 응급차에 실려 병원에 갔었어요."

"물론 보통 아이들도 궁금한 건 있지. 하지만 주변 어른이나 선생님에게 물어볼 뿐 스스로 궁금증을 해결하지는 않아. 그런데 너는 달라. 너는 위기의 순간에서도 호기심을 잃지 않고 확인을 하려고 물고 늘어지더구나."

아하, 어제 싱크홀로 들어가는 순간, 그 호기심이 나를 사로잡은 기억이 떠올랐다.

"유식아, 너의 그 호기심이 에너지를 일으킨 거야. 불꽃처럼 타올라 초능력을 폭발시키면서 사람의 목숨을 구할 수 있었던 거야."

아인슈타인 박사님은 대단하다고 추켜세웠다. 그러면서 꿈을 꾸는 듯한 목소리로 이런 이야기를 들려줬다.

"지구에 대한 비밀을 알려면 지구가 어떻게 태어났는지부터 알아야 해. 그러자면 46억 년 전으로 거슬러 올라가야 하지. 그때는 나도 없었고, 너도 없었고, 지구도 없었지."

"당연하죠. 전 열두 살이니까요."

"그때 우주에는 먼짓덩어리들이 떠다녔지. 작은 먼짓덩어리들이 오랜 세월에 걸쳐 조금씩 뭉치고 또 뭉쳐져서 나중에 지구가 된 거란다."

"잠시만요! 먼지가 커져서 지구가 된 거라고 하셨나요? 눈에 잘 보이지도 않는 작은 먼지가 지구가 되었다고요? 정말 믿을 만한 이야기인가요? 아무리 아인슈타인 박사님이지만, 제가 무턱대고 다 믿을 거라고 생각하셨다면, 그건 오해예요. 저는 유식하다고요! 나유식!"

"사실이야. 우주에 퍼져 있는 것들은 서로 끌어당기는 힘이 있단다. 그래서 우주의 작은 먼지들이 오랜 세월에 걸쳐 조금씩 모여서 점점 커다란 먼지 구름을 만들었지. 먼지 구름이 모일수록 끌어당기는 힘도 세졌어. 그러자 휙 지나가는 혜성도 끌어당겼고, 우주 파편들까지 끌어당기면서 점점 단단해졌단다. 별똥별들이 지구에 떨어지는 것도 지구가 끌어당기기 때문이야."

지구 탄생의 이야기는 점점 더 흥미로워졌다. 어쩌다가 먼지가 지구가 되어서 달걀처럼 생기게 되었을까?

초능력자의 과학수첩

지구는 왜 달걀처럼 생겼고, 지구 속에는 왜 핵이 있을까?

1. 우주 먼지였던 지구

지구는 우주 먼지 속에서 태어났어. 우주 먼지 속에는 수소, 헬륨 같은 가스도 있고, 철이나 니켈 같은 금속도 들어 있었지. 우주 먼지들이 뭉쳐서 지구가 된 거야.

2. 가스 덩어리였던 지구

최초의 지구는 1,200℃나 되는 가스 덩어리였어. 이산화 탄소, 질소, 수증기 같은 가스가 붉게 타올랐지. 붉게 타오르는 지구에 행성과 우주 파편들이 충돌했어. 행성과 우주 파편에는 암석이나 금속 등이 들어 있었지. 지구는 점점 더 단단하게 뭉쳐졌어. 지구는 아주 뜨거워서 암석이나 금속들은 녹았고 마그마로 뒤덮인 붉은 액체 덩어리가 되었어.

무거운 금속은 가라앉고 가벼운 물질은 위로 떠올랐지. 가라앉은 것들이 지구의 핵이 되었어. 위로 떠오른 물질들은 맨틀이 되었지. 이 과정을 수십억 년 거치면서 지구에 지각, 맨틀, 외핵, 내핵이 생겨난 거야.

지구는 그렇게 신비롭게 탄생했다고 한다. 신비로운 지구에 사니 나 또한 신비롭게 느껴졌다. 나는 아기 지구가 오늘날 지구의 모습으로 변하는 과정을 상상했다.

"동전은 준비했니?"

아인슈타인 박사님이 대뜸 물었다.

"무슨 동전이요?"

"트리타섬으로 가는 여행 경비를 마련하려면 동전 한 닢이 있어야 한다고 했잖아."

"아, 참!"

나는 나의 돼지 저금통을 흔들어 보았지만, 이미 텅텅 빈 상태였다. 위험을 무릅쓰고 절대 건드리면 안 되는 누나의 서랍을 열었다. 걸리면 공포의 불고기를 열 번은 당해야 했다.

구석에 아주 오래된 100원짜리 한 닢이 눈에 띄었다.

"500원짜리가 아닌데 괜찮을까요? 이것뿐이라서……."

"그것밖에 없다니 할 수 없지. 조금 불편하겠지만 괜찮아. 넌 작전대로 하기만 하면 돼."

"무슨 작전이요?"

"단돈 100원으로 가족 4명이 트리타섬으로 갈 수 있는 작전."

박사님은 다른 사람이 가져갈 수 있으니까 서둘러야 한다고 했다. 뭘 가져간다는 걸까? 나는 박사님의 의도를 짐작할 수 없었지만, 질문할 시간이 없었다.

박사님 작전의 첫 번째 단계는 '그냥 갈 수 없잖아 마트'였다. 거긴 지저분하기로 소문이 난 곳으로, 누나가 사 먹은 도넛에서 거미 한 마리가 아닌, 반 마리가 나온 후로 우리 가족은 절대 가지 않았다.

"지금 그 마트로 가야 해. 100원짜리로 물건을 사."

"요즘 100원짜리 물건이 어디 있어요?"

박사님은 200원짜리 사탕을 할인해서 100원에 판다고 했다. 집 앞에 붙은 전단지를 봤다는 것이다. 사탕을 사면 영수증을 꼭 받아야 한다고 덧붙였다.

"영수증을 들고 마트 입구로 가면, 상품을 뽑을 수 있는 복권을 줄 거야. 3주년 오픈 기념 이벤트를 하거든. 아참, 마트에 가기 전에 책상 위에 있는 안경을 꼭 가져가야 한다."

그것은 내가 3D 입체 영화를 보려고 수수깡과 비닐로 만든 어설픈 안경이었다. 나는 자전거를 타고 그냥 갈 수 없잖아 마트로 향했다.

박사님이 시키는 대로 하는 건 어렵지 않았다. 100원짜리 영수증을 달라고 할 때 계산원 아주머니가 좀 귀찮은 표정을 지은 것 말고는.

영수증을 들고 입구로 가자 박사님 말대로 복권을 나눠 주고 있었다. 아주 큰 안내판에 이벤트 내용이 적혀 있었다.

"1등, 2등, 3등 다 좋아요. 4등만 아니면 되겠어요."

나는 신이 나서 말했다.

"우훗, 우리가 당첨될 건 4등이야."

"왜요? 겨우 시리얼 받으려고 여기까지 온 거예요?"

"당연하지. 트리타섬까지 4인 가족이 다녀오려면 정확히 945만 2,130원이 필요해. 그래서 시리얼은 반드시 있어야 해."

945만 2,130원과 시리얼이 무슨 관계일까?

박사님은 시간이 없으니 빨리 안경을 쓰고 복권이 들어 있는 상자 안에 손을 넣으라고 했다. 그 복권은 동전으로 긁으면 상품이 나타나는 즉석 복권이었다.

복권을 한 장씩 꺼내 자세히 살폈다.

그런데 놀라운 일이 일어났다. 안경이 복권을 투시하는 것이다! 긁어야 나타나는 글자들이 고스란히 보였다.

"유식아, 네가 자는 동안에 내가 안경에 특수한 물질을 발라 놓았어."

"우와, 폭탄 그림이 보여요! 이건 꽝이란 뜻이죠? 이 복권은 폭탄, 이것도 폭탄, 이것도 폭탄……."

나는 복권 상자를 뒤적거리면서 계속 골랐다.

"1등, 2등, 3등을 못 찾겠어요!"

"애초에 1등, 2등, 3등 복권은 안 만들었군. 쯧쯧, 사기꾼들! 나중에 마트 사장이 가짜 당첨자를 만들어서 거짓으로 발표하겠지."

내가 흥분해서 복권을 자꾸 뒤적거리자 마트 직원이 얼굴을 찌푸리며 다가왔다.

"어지럽히지 말고 아무거나 골라 가. 100원짜리 사탕 영수증으로 복권 달라는 손님은 너밖에 없어."

그때 상자 벽에 붙은 복권에서 '시리얼'이란 글자가 적힌 걸 발견했다.

복권을 긁어 보니 역시나 시리얼 한 봉지가 당첨됐다. 나는 카운터로 가서 복권을 보여 주고 시리얼 교환권으로 바꾸어 집으로 돌아왔다.

"그냥 갈 수 없잖아 마트에서 왜 시리얼을 바꾸면 안 되나요?"

"트리타섬으로 가려면 찹찹 시리얼이 필요해. 그런데 그냥 갈 수 없잖아 마트에는 찹찹 시리얼이 없어."

"찹찹 시리얼은 코딱지 맛이 나서 아이들이 싫어하는 시리얼인데……."

"너, 코딱지 먹어 봤구나. 우웩!"

"그건 다 과거 얘기예요. 이젠 안 먹어요."

나는 입을 삐죽 내밀었다.

박사님은 다음 작전으로, '생생 백화점' 지하에 있는 마트로 가야 한다고 했다. 생생 백화점은 우리 집에서 꽤 떨어진 거리에 있어서 차를 타고 가야만 했다. 나는 아빠가 돌아올 때까지 기다리기로 했다.

"아빠, 오늘 생생 백화점에서 한우 1kg을 1,000원에 판대요. 8시부터 선착순으로 준대요."

나는 어쩔 수 없이 거짓말을 하고 말았다.

"1kg에 1,000원이면…… 4kg을 4,000원에 살 수 있다는 말이지? 하하."

피곤해하던 아빠의 얼굴이 해바라기로 변했다.

우리 가족은 아빠의 차를 타고 빛의 속도로 백화점으로 달려갔다. 아빠와 엄마, 누나가 정육점으로 달려갈 때 나는 찹찹 시리얼이 있을 식품 코너로 향했다.

그때 홍보 포스터가 내 눈을 사로잡았다.

아인슈타인 박사님이 말한 것이 그것이었다. 우리 가족이 단돈 100원으로 트리타섬에 가는 방법!

내 앞에는 찹찹 시리얼이 줄지어 산처럼 쌓여 있었다. 시리얼 상자 안에 쿠폰이 들어 있다는 표시가 있었다.

"유식아, 네 앞에는 3,732개의 찹찹 시리얼이 있어. 그중에 1등 당첨권이 들어 있는 시리얼은 단 한 개야. 넌 그걸 찾아내야 해. 내가 인터넷으로 유통사의 슈퍼컴퓨터를 해킹해서 빅데이터를 분석했어. 이곳 생생 백화점 마트에서 1등 당첨 시리얼이 나올 확률이 87.62%야."

"하지만……." 하고 나는 자신이 없어서 망설였다.

3,732개 중에서 단 한 개를 찾아내는 건 불가능한 일이었다.

"유식아, 너는 과학 원리를 깨닫는 순간, 초능력이 발휘되지 않니? 내가 가진 과학 지식을 너의 뇌로 이동시킬 거야. 별똥별을 이용한 너의 초능력이 강력하게 발휘된다면 너에게 불가능은 없어!" 박사님은 내게 용기를 줬다.

그 순간, 번쩍하고 번개가 치듯 눈앞이 하얗게 변했다가 다시 돌아왔다. 콧구멍 속에 든 별똥별이 후끈후끈 달아올랐다.

"후앗, 후앗!"

불을 토할 것처럼 숨을 몰아쉬며 찹찹 시리얼 상자들을 하나씩 유심히 살폈다.

"너의 두뇌로 X-레이의 원리를 이동시켰어. 어떠니?"

"와우! 이럴 수가!"

지나가는 사람들이 모조리 해골로 보였다!

"조용히 해라. 잘못하다간 들키겠어. 사람들이 너를 이상하게 보잖니."

아인슈타인 박사님이 나를 보며 다그치듯 말했다.

나는 너무 신기해서 이쪽저쪽 두리번대며 해골로 변한 사람들을 쳐다보았다.

"유식아. 시간이 없어. 3,732개의 시리얼을 들여다봐야 해."

내가 시리얼 상자 쪽으로 가자 불투명했던 상자들이 서서히 투명해졌다. 곧 찹찹 시리얼 상자 안이 훤히 들여다보였다.

나는 스캔을 하듯 시리얼 상자들을 앞뒤로 살펴봤다.

처음에는 한 개 살펴보는 것도 시간이 걸렸는데, 차츰 한 줄씩 연속으로 살펴볼 수 있었다. 그러나 1등 당첨권은 보이지 않았다.

"아빠, 저기 있어요! 너꼴등, 거기 꼼짝 말고 있어!"

누나가 마트 저편에서 소리를 질렀다.

아빠와 엄마가 잔뜩 화가 난 얼굴로 두리번거리며 나를 찾는 중이었다.

"한우 1kg에 1,000원이라고? 1,000원으로는 한우 발톱도 못 산대! 네 거짓말에 속아서 우리가 얼마나 망신을 당한 줄 알아? 한우 못 먹어서 미친 사람이라는 소리까지 들었어!"

누나는 씩씩거리면서 투우장의 소처럼 달려왔다. 누나의 뼈가 고스란히 보였다.

"그게 아니야, 그게 아니라니까! 나는 멸망할지 모르는 지구를 위해서 트리타섬으로 가야 한다고!"

나는 찹찹 시리얼 주변을 빙빙 돌아 도망치며 변명을 했지만, 아빠 해골과 엄마 해골과 누나 해골은 입을 쩍 벌리고 나를 쫓아왔다.

"또 거짓말을 늘어놓네! 잡히기만 해 봐!"

산더미처럼 쌓였던 참참 시리얼 박스가 우르르 도미노처럼 넘어졌다. 나는 그만 시리얼 박스의 무덤 속에 묻혀 버렸다.

"어디 갔어? 너꼴등, 공부만 못하는 줄 알았더니 인성도 안 좋아!"

누나는 두더지처럼 시리얼 박스들을 파파팍 팠다. 나는 바닥에 납작 엎드려서 우리 가족의 화가 빨리 풀리기를 기도했다.

"저기 있다! 요 녀석! 공포의 불고기 100인분을 해 줄 테다!"

그때 내 눈앞에 환하게 빛나는 무엇이 있었다.

그것은 귀퉁이가 부서진 참참 시리얼 박스였다. 박스 안에서 황금빛으로 빛나는 당첨권이 보였다.

"찾았다! 트리타!"

누나가 내 목덜미를 낚아챘다. 아빠와 엄마의 뜨거운 콧김이 내 얼굴로 전해졌다.

"아부지, 어무이, 누님, 제가 1등을 했어요!"

"또 거짓말! 믿지 마세요!"

누나가 내 볼을 잡아당기려고 손가락을 길게 뻗었다.

"우리 가족이 해외여행 상품권에 당첨됐어요! 대서양으로 온 가족이 떠날 수 있어요!"

아빠와 엄마는 내 손에 쥐어진 황금빛 당첨권과 건너편에 걸린 커다란 홍보 포스터를 번갈아 바라봤다.

"진, 진, 진짜야?"

"정, 정, 정말이야?"

"사, 사실이니? 서프라이즈?"

우리 가족은 눈동자들이 왕방울만 해져서 1등 당첨권을 확인했다.

"만세! 만세! 만만세! 유식이 만세!"

"역시 나유식은 우리 집 영웅이야! 자랑이야!"

"아빠, 그러게 제가 뭐라고 했어요. 유식이가 큰일을 할 거라고 했죠?"

나를 잡아먹을 듯이 달려들던 우리 가족은 180도 바뀌어서 나를 끌어안았다. 누나는 감격에 겨워 눈물마저 흘렸다.

"흐흐흑, 우리가 유식이 덕분에 해외여행을 가는구나! 드림스 컴 트루(Dreams come true)!"

"오늘을 우리 집안의 국경일로 삼아야겠다. 이름하야 나유식의 날!"

"기분이닷! 오늘은 특별히 한우 1kg 아빠가 쏜다! 아니, 500g."

정확히 일주일 후, 우리는 트리타섬으로 향하는 비행기에 올랐다.

우리 가족은 모두 들떠 있었다. 아빠는 공짜로 주는 땅콩 12봉지와 주스 7잔을 먹어 치우고 이렇게 물었다.

"우리가 어디 간다고 했지?"

"다섯 번째 묻는 거예요. 트리타섬! 앞으로 안 가르쳐 드릴 거예요."

"트리타섬. 남대서양에 위치한 화산 열도의 일부. 포르투갈의 탐험가 트리스티앙 타 쿠냐에 의해 발견되어 '트리타'라는 이름을 갖게 되었다."

누나는 트리타섬이 소개된 책에 빨간 줄을 그어 가며 시험공부를 하듯이 소리 내어 읽었다.

"만일, 지구가 위험한 지경에 다다르면 어디로 피신하면 좋을까요? 지구 밖이면 좋겠지만, 지구에서 그나마 안전한 장소를 찾아야겠지요. 지구 종말이 와도 가장 안전한 곳으로 꼽힌 트리타섬은 지구와 인류를 위협하는 3차 세계 대전과 핵무기를 피해 숨어 있기 좋은 곳입니다."

누나의 말에 엄마는 '원시 그대로의 자연 경관을 지닌 아름다운 섬'일 거라면서 기대에 부풀었다.

"트리타섬에서 가장 높은 곳은 킹 메리 화산입니다. 2,062m로 한라산보다 높습니다. 트리타섬의 화산은 매우 특이합니다. 그동안 폭발한 적이 없어서 안전한 사화산인 줄 알았지만, 어느 날 갑자기 화산이 폭발했고, 산꼭대기가 완전히 날아가 버렸습니…… 다?"

"화산이 폭발했다고?"

창밖을 보던 엄마와 꾸벅꾸벅 졸던 아빠와 딴 생각을 하던 내가 동시에 물었다.

"섬의 모든 사람들이 몇 년 동안 대피를 했대요! 또 1970년에 미국이 인근에서 핵 실험을 했다고……."

"핵 실험? 지금 핵 실험이라고 했어?"

"몇몇 과학자들은 미국의 핵 실험이 원인이 되어 화산 폭발이 일어난 것이라고 주장한대요. 맙소사! 지구에서 가장 안전한 곳이라더니, 지구에서 가장 위험한 곳 아니에요?"

누나는 눈을 휘둥그레 뜨면서 금방이라도 비행기에서 뛰어내려 집으로 돌아갈 것 같은 표정을 지었다. 놀라기는 나도 마찬가지여서 멍하니 입을 벌렸다.

"하하, 그렇게 놀랄 건 없어."

내 옆에 앉았던 흑인 청년이 짧은 머리를 만지면서 웃었다. 영화배우처럼 잘생기고 미소가 부드러웠다. 한국어 발음이 어색했지만 알아들을 수는 있었다.

"내 이름은 톰이란다. 한국에서 요리사로 일한 적이 있어. 지금은 트리타에서 일하고 있지만, 조금도 위험하지 않아. 원시의 모습을 간직하고 있는 아름다운 섬이야."

톰은 남아프리카 공화국의 케이프타운이 집이라고 했다. 트리타섬에서 가장 가까운 도시도 케이프타운이라고 했다.

"한국에도 화산이 있지 않니? 제주도의 한라산과 북한에 있는 백두산 말이야. 트리타의 킹 메리 화산으로 말하자면, 한라산과 백두산보다 더 안전하다고 할 수 있지. 특히 백두산은 폭발할 조짐이 있다고 들었어."

초능력자의 과학수첩

한라산과 백두산이 폭발할 가능성이 있을까?

1. 활화산, 휴화산, 사화산

아직도 화산 활동을 하고 있는 화산을 활화산이라고 하고, 예전엔 화산 활동을 했지만 지금은 화산 활동을 하지 않는 화산을 휴화산이라고 하지. 그리고 역사적으로 폭발한 기록이 없는 화산을 사화산이라고 해.

백두산과 한라산은 사화산이 아니라 휴화산이지만, 언제 터질지 모르는 활화산일 가능성이 있어!

우오오오 / 화가 난다 / 활화산

커~ / 휴화산

사화산

2. 백두산의 화산 폭발

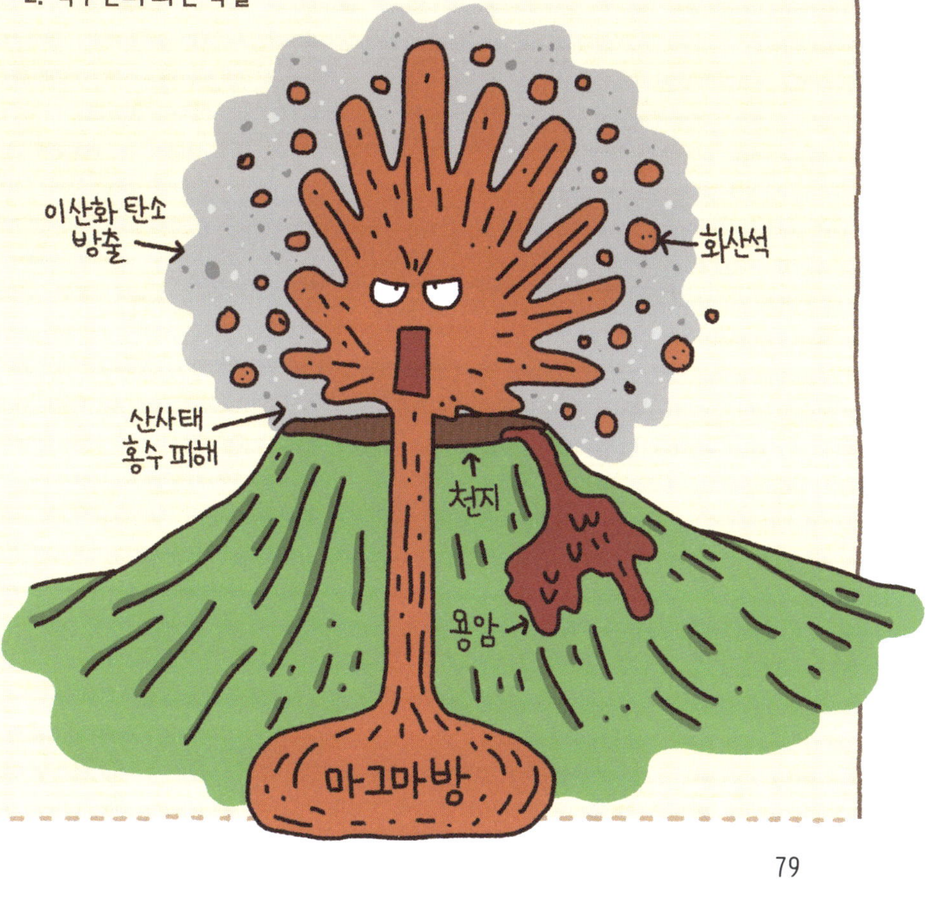

이산화 탄소 방출

화산석

산사태 홍수 피해

천지

용암

마그마방

백두산은 2,840만 년 전에 화산이 폭발하면서 불쑥 솟아난 산이야. 백두산은 그 후로도 여러 번 폭발했어. 특히 조선 시대인 1668년과 1702년, 그리고 1903년 폭발을 일으켰다고 해. 지질학자들은 백두산이 언제든 폭발할 수 있는 화산이라고 생각해서 관심을 기울이고 있대.

3. 한라산의 화산 폭발

제주도 한가운데 솟아 있는 한라산은 무려 100번 넘게 폭발이 일어난 산이야. 제주도는 화산 폭발로 만들어진 섬이지. 수백만 년 전에 화산이 폭발했는데, 이때 용암이 솟아 나온 곳이 한라산이 되었어. 한라산 꼭대기에 백록담이 있잖아. 백록담은 화산이 폭발했던 분화구야. 우리나라도 절대 화산 폭발로부터 안전할 수 없으니까 철저히 대비해야 해.

엄마는 과학 선생님답게 한라산과 백두산에 대한 설명을 자세히 해 주었다.

"화산이 언제 폭발할지 모르는데, 완전히 없애 버릴 수 없나요?"

내가 묻자 과학을 좀 아는 우등생 누나가 아는 척을 하며 나섰다.

"화산도 쓸모가 있어. 그러니까 사람들이 화산 근처에 모여 살지."

"무슨 쓸모가 있는데?"

"그, 그, 그건…… 도착하려면 아직 멀었나?"

누나는 대답을 못하고 얼버무렸다. 톰이랑 시선이 마주치자 누나의 얼굴이 사과처럼 빨개지면서 말을 더듬었다.

그럼 그렇지. 누나는 과학 영재라면서 시험에 잘 나오는 것 말고는 모른다.

우리가 탄 비행기는 남아프리카 공화국의 케이프타운에 멈췄다. 톰의 유쾌하며 어색한 한국말 덕분에 지루하지 않았다. 이상하게 누나의 빨간 얼굴은 식을 줄 몰랐다. 평소와 달리 "어머! 내가 언제 그랬니?" 하고 소녀처럼 말하면서 내 허벅지를 몰래 꼬집었다.

우리는 트리타섬으로 가는 비행기로 옮겨 타고 다시 끝없는 대서양 위를 비행했다.

"트리타섬에 가면 상상도 못할 충격적인 일이 벌어질 거야. 쉿, 너만 알고 있어."

톰은 내게 귓속말로 알쏭달쏭한 말을 비밀처럼 털어놓고는 손가락으로 입을 가렸다.

기나긴 여행 끝에 드디어 창밖으로 안개에 휩싸인 섬이 보였다.

"저기다! 저기 보인다!"

푸른 바다 한가운데 홀로 떠 있는 트리타섬은 신비한 분위기를 자아냈다.

'과연 저곳에 아인슈타인 박사님이 말한 미래를 알려 주는 마법의 소라고둥이 있을까? 그건 만화 영화에나 나오는 건데…….'

그러나 나는 위기에 처한 인류를 구해야 한다는 아인슈타인 박사님이 내린 임무를 되새기며 주먹을 굳게 쥐었다.

초능력자의 과학일기

백두산이 폭발한다면?

우리나라의 백두산은 언제든 폭발할 수 있는 위험한 화산이야. 백두산은 불과 1,000년 전에 엄청난 폭발이 있었어. 일본 교토까지 폭발음이 들렸대. 그 후에도 6번이나 폭발했지.

학자들이 백두산을 위험하다고 말하는 이유는 꼭대기에 있는 화산 호수인 천지의 온도가 갈수록 높아지고 있어서야. 천지 주변의 온천수는 무려 83℃까지 올라갔대.

게다가 화산 가스로 인해 백두산 주변 식물이 말라 죽고 있대. 만약 백두산이 폭발하면 엄청난 화산재가 하늘 높이 분출해서 주변 전역을 덮을 거야. 그렇게 되면 북한은 물론 우리나라와 중국, 일본, 러시아까지 피해를 입게 될 거야.

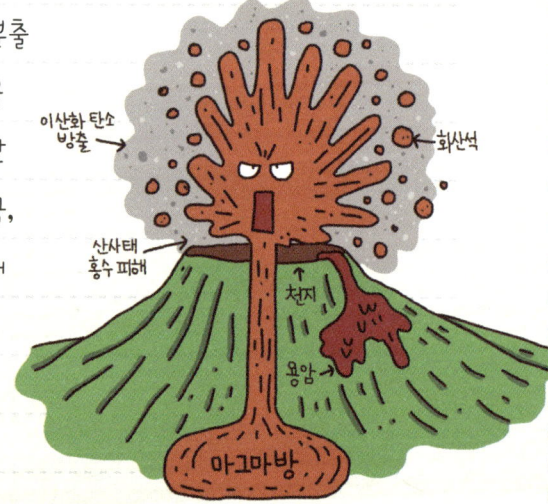

화산이 폭발할 때 나오는 건 뭘까?

화산이 폭발하면 지구 속 깊은 곳에 있던 물질들이 밖으로 나온다. 화산 가스, 용암, 화산 쇄설물 등 화산 분출물들이지. 이걸 살펴보면 지구 깊은 곳에 어떤 물질이 있는지 알 수 있지.

맨틀은 고체지만, 하부 지각과 맨틀 위쪽엔 뜨거운 지열 때문에 부분적으로 암석이 녹아서 반액체 상태인 물질이 있어. '마그마'라고 해. 화산이 폭발하면 뜨거운 마그마가 올라오면서 솟구쳐.

왜 화산 근처에 살까?

화산 근처는 땅이 비옥해. 제주도에서 감귤 농사가 잘되는 것은 흙에 영양이 풍부해서야. 또 화산 지대는 온천이 발달해 있어. 땅속에 있는 마그마의 열이 지하수를 데우거든. 땅에서 나는 지열을 이용해 발전소를 지어 전기를 생산하기도 해.

화산 폭발로 만들어진 섬들은 관광지로 이용돼. 하와이, 트리스탄다쿠냐, 갈라파고스 제도, 제주도는 관광 지역으로 유명하잖아. 책에 나온 트리타섬은 트리스탄다쿠냐섬을 모델로 해.

원시 부족에게 체포되다

"**여기는** 마치……."

비행기에서 내린 우리 가족은 잠시 말을 잃었다.

"타임머신을 타고 수천만 년 전의 원시 시대로 온 듯한 느낌이 들어."

섬 어디를 둘러봐도 울창한 숲이 푸른 담요처럼 뒤덮고 있었다. 저 멀리 섬 중앙에 솟은 킹 메리 화산에서 하얀 연기가 희미하게 피어올랐다.

"어디선가 거대한 공룡이 나무를 헤치고 긴 목을 드러낼 것만 같은 분위기야."

톰을 비롯해 비행기에서 내린 승객들은 어느새 다 사라지고, 낡고 작은 공항에는 우리밖에 남지 않았다. 우리가 갈 곳은 '불카누스 테마파크'라는 곳이었다.

"가이드가 차를 갖고 마중 나온다고 했는데…… 왜 아무도 없지?"

쏴아아아, 소나기까지 쏟아졌다.

투덜거리면서 한참을 기다리고 있는데, 트럭 한 대가 검은 연기를 풀풀 날리며 빗속을 뚫고 나타났다.

트럭에서 두 사람이 내렸다. 그런데 두 사람의 모습이 수상했다.

검은 복면을 쓰고, 총을 들고 있었다!

"한국 살람? 나유식 패밀리?"

어색한 한국 발음이었다. 어디선가 들어 본 목소리 같기도 했다.

"당신들은 누구요?"

"우리는 납치범이다! 너희를 기다리고 있었다. 당장 트럭에 올라타!"

"가진 것 다 주겠소! 제발 납치만은!"

우리 가족은 두 손을 번쩍 들고 항복을 했다. 납치범들은 우리가 보지 못하도록 안대를 씌우고, 두 손을 묶었다.

덜컹덜컹, 트럭은 산길을 타고 거칠고 빠르게 달렸다. 우리는 쿵쿵 엉덩방아를 찧었다.

"아빠, 이제 어떻게 되는 거예요?"

누나가 겁에 질린 목소리로 물었다.

"아빠도 국제 납치는 처음 당해 봐서 경험이 없구나. 납치범들이 아마 우리나라 정부에 연락해서 몸값을 요구할 것 같아."

떨리는 목소리로 아빠가 말했다.

"그렇지만 대한민국 정부는 납치범들과는 협상하지 않는다는 원칙이 있어. 납치범들에게 돈을 주지 않을 거야."

엄마의 말에 누나가 눈물을 터뜨렸다.

"영화에서 보면 납치범들이 요구한 돈을 받을 때까지 인질을 한 명씩 죽이던데……. 흐흑흑, 어쩐지 유식이가 너무 쉽게 1등에 당첨되더라고."

누나 말이 맞았다. 일평생 1등을 해 본 건 이게 처음이었다.

"죄송해요. 이게 다 저 때문이에요. 제가 코딱지 맛이 나는 찹찹 시리얼을 뽑지 않았으면 이런 일이 없었을 거예요."

하마터면 아인슈타인 박사님 때문이라고 할 뻔했다. 누나는 계속 후회했다.

"흐흑흑, 이럴 줄 알았으면 다이어트 안 하는 건데! 먹고 싶은 거 다 먹고, 놀고 싶은 거 다 놀걸."

"얘들아, 걱정 마라. 우리의 대통령님은 특공대를 보내 납치범들을 물리치고 우리를 구해 주실 거야."

"아빠, 우리는 애국자이지요?"

"물론이지. 조국은 우리를 잊지 않을 거야. 나의 죽음을 헛되게 하지 마라!"

아빠는 이순신 장군이 남긴 말을 외치고는 눈물을 삼키며 애국가를 부르기 시작했다.

"동해물과 백두산이 마르고 닳도록……."

나도, 누나도, 엄마도 그런 아빠를 따라 거룩하게 애국가를 불렀다.

"아아아, 고마워라, 스승의 사랑……."

애국가가 뜬금없이 다른 노래로 바뀌었다. 이건 스승의 은혜 아니었나?

'박사님! 아인슈타인 박사님! 빨리 초능력을 일으켜 주세요!'

나는 마음속으로 계속 소리쳤지만, 드르렁 쿨, 드르렁 쿨, 박사님의 코 고는 소리만 들렸다. 박사님은 한번 잠에 빠지면 너무 깊이 잠들어 버렸다.

'깻잎! 깻잎을 먹어야 해!'

이럴 때를 대비해 한국에서 깻잎을 갖고 왔다. 그러나 배낭 안에 있어서 두 손이 묶인 채로는 꺼낼 수 없었다.

끼이이익, 덜컥.

트럭이 멈추더니 우리에게 차례대로 내리라고 했다.

누나는 부들부들 다리가 떨려서 제대로 서지 못했다. 납치범들이 우리의 안대와 손을 풀어 줬다. 눈이 부셔서 얼굴을 찡그렸다.

"펑펑! 팡, 팡, 팡!"

"으아아악! 총 쏘지 마세요!"

우리는 바닥에 납작 엎드렸다.

"웰컴 투 불카누스 테마파크!"

그건 총 소리가 아니라 폭죽 소리였다.

쿵짝쿵짝, 쿵쿵짝, 난데없이 음악 소리가 흥겹게 들려왔다.

"나유식 패밀리, 환영합니다!"

우리는 어리둥절해서 주변을 살폈다.

플래시가 터지면서 사진이 찍혔다. 우리에게 종이꽃이 뿌려졌고, 밴드는 우리 주변을 빙빙 돌며 음악을 연주했다.

"요즘 납치범들은 밴드를 하네? 우리가 납치된 걸 축하해 주나 봐?"

검은 복면의 남자가 앞에 나서서 한쪽 무릎을 꿇고 장미꽃을 내밀면서 정중하게 인사를 했다.

"스릴 있으셨지요? 손에 땀을 쥘 정도로 짜릿한 이벤트였지요? 여기는 세계 최초이면서 단 하나밖에 없는 탈출 체험 테마파크입니다!"

"이, 이, 이게 이벤트였다고요?"

우리 가족은 다리가 풀려 바닥에 풀썩 주저앉았다.

검은 복면의 남자가 복면을 벗었다.

"앗! 톰!"

비행기에서 내 옆자리에 앉았던 요리사 톰이었다.

"헤헤헤, 많이 놀랐지? 우리 프로그램을 실감 나게 만들어야 해서."

엄마는 이마를 짚고 비틀거렸고, 아빠의 얼굴은 복어처럼 부풀어 올랐다. 그건 엄청나게 화를 내기 직전이라는 신호였다.

그런데 아름다운 아가씨들이 나타나 우리에게 환영의 꽃목걸이를 걸어 주며 노래를 부르자 아빠의 얼굴은 금세 원래대로 돌아왔다.

"우하하하, 아빠는 이게 다 쇼인 줄 알고 있었어. 아빠 연기 잘하지? 진짜 겁먹은 줄 알았지?"

"……."

엄마와 누나와 나의 입은 어이가 없어 파리가 들어가도 모

를 정도로 벌어졌다.

톰은 우리 가족에게 테마파크를 안내했다.

불카누스 테마파크에는 큰 망치를 든 거대한 몸집의 대장장이 인형과 그림이 곳곳에 있었다. 테마파크를 상징하는 캐릭터인 모양이었다.

"불의 신 '불카누스'지요. 화산을 영어로 '볼케이노'라고 하는데, 그리스·로마 신화에 나오는 불의 신 불카누스에서 나온 이름입니다."

불카누스는 주피터에게 번개를 만들어 주고, 다른 신들에게 갑옷과 무기를 만들어 주는 대장장이라고 했다.

"그리스·로마 사람들은 화산이 폭발하는 이유가 불카누스가 대장간에서 너무 세게 망치를 내리쳤기 때문이라고 믿었대."

아빠의 말에 엄마가 고개를 끄덕이며 중얼거렸다.

"하긴, 고대 사람들은 과학을 몰랐으니까 화산이 왜 폭발하는지 알지 못했겠지. 천둥이나 번개도 신이 인간을 벌주는 거라고 여겨서 두려움에 떨었으니까."

"너무 놀라서 배가 꺼졌다. 일단 먹고 보자."

우리 가족은 식당 테이블에 둘러앉았다.

"이 섬에 화산이 있다고 하지 않았나? 엄마는 화산 구경을 꼭 해 보고 싶었어."

배를 어느 정도 채우고 여유로워진 얼굴로 엄마가 말했다.

"유식이는 화산이 왜 폭발하는지도 모를걸요?"

누나가 빈정거렸다.

"유식이는 똑똑하니까 화산이 왜 폭발하는지 알지?"

"우오어엉우하우아우이에요."

나는 빵을 입에 잔뜩 욱여넣고 이렇게 대답했다.

"뭐라고?"

"아! 어러어구웅아하우엉구억이라니까요."

아빠는 진공청소기처럼 주변의 모든 것을 빨아들이느라 내가 무슨 말을 하는지 듣지 못했다. 그러나 눈치 빠른 누나는 벌써 알아채고는 이렇게 톡 쏘았다.

"거봐요. 유식이는 절대 몰라요. 유식이는 무식이에요. 화산이 왜 폭발하는지 모른다는 쪽에 제 치즈 돈가스를 걸겠어요!"

나는 햄버거에서 먹기 싫은 양파를 골라내 접시에 올려놨다. 그런데 엄마가 손뼉을 치면서 기뻐했다.

"오, 맞아! 바로 그거야! 계속해 봐."

'설마 화산이 양파 때문에 폭발하는 건 아니겠지?'

엄마의 말에 어리둥절해진 나는 포크로 누나의 치즈 돈가스를 팍 찍었다.

"어딜 감히!"

누나가 눈을 부라리며 포크로 치즈 돈가스를 잡아당겼다. 그러자 치즈 돈가스가 두 동강 나면서 치즈가 비집고 나왔다.

"유식아! 바로 그거야! 여보, 이것 봐. 유식이는 화산이 왜 폭발하는지 알잖아!"

"우오아어아우엉? 부엉부엉? 치즈 엉엉?"

이것은 '화산이 양파와 치즈 돈가스 때문에 폭발한다고요?' 라는 뜻이었다.

내 입에서 빵 부스러기들이 화산이 폭발하듯 사방으로 날아갔다.

우리 가족의 테이블 위에 접시가 산처럼 쌓였다. 종업원들이 희귀 동물을 보는 것마냥 신기해했고, 주방장마저 구경을 나와 엄지를 추켜세우며 혀를 내둘렀다.

초능력자의 과학수첩

양파와 치즈 돈가스
그리고 화산이 폭발하는 이유

지구는 양파를 닮았어. 양파는 여러 개의 껍질로 이뤄져 있어. 지구도 여러 개의 층으로 이뤄져 있어.

사람들이 사는 곳은 지구의 가장 바깥쪽 껍데기 부분이야. 이곳을 지각이라고 해.

지각 밑에는 액체 같은 고체가 있어. 유동성 있는 고체라는 거지.

그건 엄청나게 뜨거운데, 이걸 맨틀이라고 해.

그리고 지구 한가운데에 단단한 핵이 있지. 앞에서 배웠지?

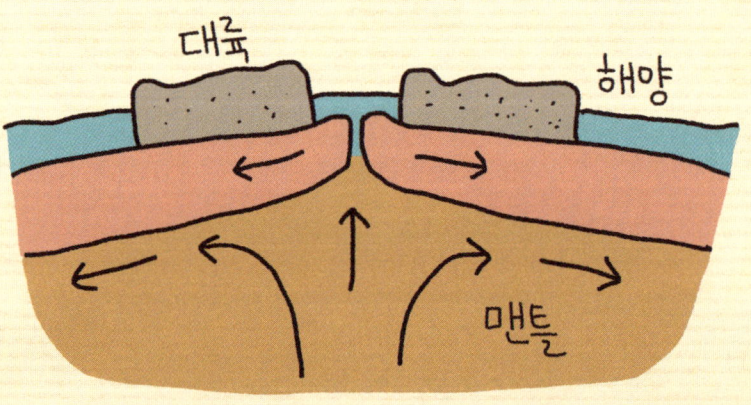

사람들이 사는 곳인 지각은 맨틀 위를 떠다녀.

목판이 물 위를 떠다니는 것처럼 사람들이 사는 지각이 맨틀 위를 떠다니는 거야. 신기하지!

워낙 천천히 떠다니고 움직여서 사람들은 느끼지 못해.

어마어마하게 큰 지각들이 움직이면 서로 밀고 부딪쳐. 그러다 보면 땅이 갈라지기도 하고, 약한 곳이 생기기도 해. 그때 땅속의 엄청나게 뜨거운 마그마가 땅 위로 솟아오르면서 폭발하는 거야. 이것이 바로 화산 폭발이야.

치즈 돈가스를 서로 먹겠다고 잡아당기면 갈라지면서 그 안에 있던 치즈가 비집고 나오잖아. 그것과 마찬가지야. 돈가스가 지각, 치즈가 마그마라고 생각하면 돼.

톰이 사진기를 들고 다가왔다.

"4인 가족이 15인분을 드시는 건 테마파크 개장 이후 처음 봤다고 하네요. 명예의 전당에 먹보 가족 기념사진을 찍어서 올려야겠어요."

아빠는 조금 쉬었다가 더 먹자고 했지만, 엄마가 창피하다면서 강제로 끌고 나갔다.

불카누스 테마파크에는 여러 가지 탈출 미션들이 준비돼 있었다.

우리 가족은 외계인 실험실을 거쳐 공포의 예배당, 고대 미스터리의 비밀, 살인마 X의 함정까지 단번에 해치웠다.

"뭐야, 다 시시하잖아."

"탈출 단서를 이렇게 쉽게 풀어 버릴 줄이야!"

"역시 우리는 천재적인 두뇌를 가진 사이언스 패밀리가 확실해."

기대했던 것과는 달리 우리는 점점 재미없어하고, 지루해했다.

마침 해변가에 고무보트들이 묶여 있었다. 고무보트는 너무 작아 네 명이 함께 탈 수 없어서 두 대에 나눠서 올라탔다. 두 대의 고무보트가 멀리 떨어지지 않도록 밧줄로 묶었다.

우리는 보트의 노를 저어 얕은 바다로 나아갔다.

찰랑찰랑 파도가 가볍게 흔들렸고, 산들바람이 시원하게 귓가를 스쳤다. 몹시 평화로운 시간이었다. 나는 마법의 소라고둥을 찾아야 한다는 아인슈타인 박사님의 임무를 새카맣게 잊고 있었다.

"저길 봐요! 상어가 보트 주변을 맴돌아요!"

물 위로 드러난 상어 지느러미를 보고 누나가 소리쳤다.

"아훔, 또 탈출해야 하는 거야? 이번 미션은 식인 상어 탈출하기인가 보지?"

아빠가 힐끔 쳐다보고는 하품을 했다. 아빠는 상어를 잡으려고 바닷물에 손을 집어넣었다.

"아빠, 조심하세요! 상대는 식인 상어라고요!"

내가 외쳤다. 상어가 물살을 가르며 빠르게 다가왔다.

아빠는 한쪽 손으로 상어 지느러미를 힘껏 잡아당겼다.

"톰, 나오세요. 탈출 미션은 이제 그만."

고무로 된 상어 껍데기를 뒤집어 쓴 톰이 물 위로 머리를 내밀었다.

"헤헤헤, 쏘리 쏘리, 금방 들켜 버렸네요."

"다리가 다 보였다고요. 털이 숭숭 난 상어도 있던가요?"

아빠는 어처구니없다는 표정으로 어깨를 우쭐했다.

"다음에는 머리카락이 쭈뼛 설 만큼 무시무시한 미션으로 준비해 오겠습니다."

"괜히 애쓰지 마세요."

엄마가 위로했다.

톰은 상어 껍데기를 다시 뒤집어 쓰고는 바닷물 속으로 들어가 다른 여행객을 찾아갔다.

우리는 파인애플 주스를 빨아 먹으면서 고무보트 위에 널브러졌다.

"땅이 지구 위를 둥둥 떠다니듯이~ 우리는 바다 위를 둥둥 떠다니네~."

아빠가 볼록 나온 배를 문지르며 노래를 지어 불렀다.

"그런 엉터리가 어디 있어요? 땅이 배도 아니고, 어떻게 지구 위를 둥둥 떠다녀요?"

내가 코웃음을 치자 빨대를 물고 있던 아빠가 곰처럼 벌떡 일어나며 "정말이야!" 하고 말했다.

"유식아, 넌 못 느끼니? 지구의 대륙이 움직이는 것을?"

이번에는 엄마가 한술 더 떴다. 엄마와 아빠가 동시에 나를 놀리는 줄 알았다.

"화산이 폭발하는 것도, 지진이 일어나는 것도 대륙이 움직이기 때문이야. 물 위에 얼음이 떠 있듯이 대륙도 떠서 움직인다니까."

우리 가족은 흔들리는 보트에 몸을 맡기고 어느새 잠들어 버렸다.

초능력자의 과학수첩

땅이 지구 위를 둥둥 떠다닌다고?

이 사실을 알게 되면 모두 놀랄 거야. 사실 지구의 대륙들은 움직이고 있어. 물 위에 얼음이 떠 있듯 땅이 둥둥 떠다닌다는 소리야.

지구에는 6개의 대륙이 있어. 북아메리카, 남아메리카, 아프리카, 유라시아, 오스트레일리아, 남극 대륙이 있지.

그런데 약 2억 년 전에는 6개의 대륙들이 하나였어. 원시 대륙을 '판게아'라고 불러.

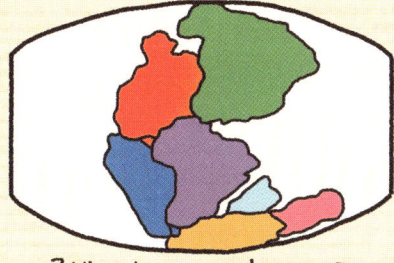

중생대 초기 2억 5천만 년 전

현재의 지각 분포

하나였던 대륙이 지금은 6개로 나눠졌어.

단 한 개의 대륙은 시간이 흐르면서 서서히 움직였어. 그래서 지금처럼 6개의 대륙으로 쪼개지게 된 거지. 대륙이 이동한다고 해서 이것을 '대륙 이동설'이라고 불러.

대륙이 하나였다는 건 어떻게 알게 됐을까?

아메리카 대륙과 유럽, 아프리카 해안선을 붙여 보면 딱 들어맞아! 멀리 떨어진 대륙인데 똑같이 메소사우르스의 화석도 발견되고 말이지!

놀랍도다!

인류가 지구에 처음 나타난 것은 300~500만 년 전이기 때문에 2억 년 전에 지구에 무슨 일이 있었는지 인간은 알 수가 없었어.

그런데 지금으로부터 100년 전, 독일의 기상학자인 '알프레트 베게너'라는 사람이 놀라운 사실을 발견해 냈지.

아프리카 대륙의 서해안과 남아메리카 대륙의 동해안이 퍼즐 조각처럼 딱 맞아떨어진다는 거야. 또 멀리 떨어진 대륙에서 같은 종의 화석도 발견되기도 했어.

실제로, 세계 지도에서 땅덩어리를 가위로 오린 다음 한 덩어리로 맞춰 보면 마치 퍼즐 조각처럼 딱딱 맞아떨어져. 그리고 멀리 떨어져 있는 대륙의 해안선을 살펴보아도 퍼즐 조각처럼 들어맞는 곳이 있지.

잠결에 나는 이상한 느낌이 들었다.

지이잉, 징징징.

귓속 깊은 곳에서 뭔가 부르르 떨리는 것 같은 느낌이 들었다. 그 느낌은 몇 번이나 이어졌다.

콧구멍 속의 별똥별이 후끈후끈 열을 냈다. 초능력이 나오는 건 아니었다.

갑자기 이유를 알 수 없는 불안감이 온몸을 휘감았다. 뭔지는 알 수 없었지만, 무슨 일이 벌어질 것 같았다.

나는 문득 책에서 본 동물들의 이상 행동이 떠올랐다.

새나 물고기, 개구리, 뱀 같은 동물들은 자연재해가 일어나기 전에 이상한 행동을 한다고 들었다. 사람에게는 없는 매우 예민한 진동 감지 기관이 있기 때문이라고 했다.

"설마 자연재해가 일어나려는 건가?"

졸린 눈을 간신히 떠서 하늘을 멍하니 쳐다보던 나는 놀라운 광경을 보고 말았다.

새들이 하늘을 새카맣게 뒤덮고 있었다. 어마어마하게 많은 새들이 어디론가 날아갔다.

 바람에서 이상한 냄새가 났다. 코를 찌르는 듯한 지독한 냄새였다.

 '이건 성냥 냄새인가? 누가 불장난을 했나?'

 나중에 알았는데, 그건 유황 냄새였다. 유황은 화약이나 성냥의 원료로 쓰는 물질인데, 화산에서 나오기도 했다.

 유황 냄새에 취했는지 나도 모르게 정신을 잃고 말았다.

 우루르르르. 우르르.

 보트가 심하게 흔들려서 정신이 들었다. 주변은 온통 하얀 안개에 휩싸여 있었다.

 "아무것도 보이지 않아. 여기가 어디지?"

 "섬이 안 보여. 불카누스 테마파크가 안 보여!"

 누나가 놀란 목소리로 말했다.

 "엄마 아빠가 없어!"

 엄마와 아빠가 탄 보트에 묶은 밧줄이 풀려 있었다. 누나와 나는 안개 속에서 엄마와 아빠를 목이 터지도록 불렀지만, 대답이 없었다. 파도에 떠밀려 우리가 탄 보트가 멀리까지 나온 것 같았다.

 다시 우르르르 바다가 흔들렸다. 파도가 출렁이고, 세상이 흔들렸다.

"바다가 왜 이래?"

"이건 지진 같아. 지진이 일어났나 봐!"

"어서 피해야 해!"

누나의 목소리가 떨렸다. 우리는 심각한 상황에 처했다는 걸 알게 됐다.

어느 쪽으로 가야할지 몰라 노를 저을 수 없었다. 우리는 겁에 질리기 시작했다.

초능력자의 과학수첩

대체 어떤 힘이 대륙을 움직이는 걸까?

얼마나 힘이 세면 거대한 대륙을 움직일 수 있을까? 베게너는 대륙이 이동한다고 주장했지만, 많은 과학자가 베게너의 말을 믿지 않았지.

왜냐하면 대륙을 이동시키려면 이동시킬 수 있는 힘이 있어야 하는데, 베게너는 그 힘을 알아내지 못했거든.

그런데 세월이 흘러 지구 속에 무엇이 있는지 알아내면서 그 수수께끼가 풀리게 됐지. 지구 속에 맨틀이라는 게 있다고 했잖아. 대륙은 맨틀 위에 떠 있고. 그런데 맨틀이 움직이니까 그 위에 있는 대륙도 둥둥 함께 움직이는 거야.

맨틀이 왜 움직이냐 하면, 물을 끓이는 거랑 비슷해. 뜨거운 물은 위로 올라가고 차가운 물은 아래로 내려가면서 전체적으로 물이 뜨거워지는 거거든. 맨틀도 지구 속에 있는 뜨거운 열 때문에 차가운 맨틀은 아래로 내려가고, 뜨거운 맨틀은 위로 올라가면서 움직이는 거야.

결론적으로, 땅에서 지진이 일어나고 화산이 폭발하는 건, 지구 속에 있는 맨틀이 움직이기 때문이고, 맨틀 때문에 대륙도 이동하기 때문이야.

미래에 6개의 대륙은 다시 하나로 모인다!

지금도 6개의 대륙들은 계속 움직이고 있어. 대륙들은 1년에 몇 cm씩 이동하고 있어. 북아메리카 대륙과 유럽 대륙은 계속 멀어지고 있지.

하지만 2억 5천만 년이 흐르면 지구의 6개 대륙은 다시 하나로 만나게 된다고 해. 우리나라는 지금 3면이 바다인데, 그때가 되면 대륙 한가운데 있게 될 거야.

2억 5천만 년 후가 되면 해외여행을 하기 편해질까? 모두 한 대륙에 있으니까 오가기는 쉬울 것 같아. 뭐, 그때까지 살아 있다면 말이야.

수상쩍은 조짐은 또 나타났다.

물 위로 물고기 한 마리가 보였다. 그 물고기는 움직이지 않고 죽어 있었다.

바닷물에 손을 집어넣었다. 바닷물이 너무 뜨거웠다.

조금 뒤, 파도에 밀려 수많은 물고기들이 떠올랐다. 물고기들은 하얀 배를 내놓고 죽어 가고 있었다.

바다는 죽은 물고기들로 뒤덮였다.

누나와 나는 공포에 질렸다.

"세상에 지금 무슨 일이 일어나고 있는 거지?"

"이것도 미션일 거야. 곧 톰이 나타날 거야."

누나는 애써 안심하려고 했지만, 놀란 게 뻔히 보였다.

눈앞이 거의 보이지 않았다. 뿌연 바다 안개와 더불어 두려움이 우리를 에워쌌다.

안개를 뚫고 바다 괴물이 훅 하고 덤벼들어 바닷속으로 끌고 들어갈 것 같았다.

흐흐흐흑, 하고 누나가 울음을 터트렸다.

"유식아, 미안해."

"아니야, 누나, 내가 미안해. 내가 트리타섬에 오는 경품에 당첨되지 않았다면 이런 일이 없었을 텐데. 누나 눈썹을 태워

서 미안하고, 유성 펜으로 가짜 눈썹을 그려서 미안해."

"그게 아니야, 유식아. 내가 급해서 그만……."

그때, 보트 바닥이 점점 뜨뜻해지는 느낌이 들었다. 축축한 물이 흘렀다.

"누나, 설마 이거…… 누나, 그거 한 거야?"

"흐흐흑, 당황하고 무섭고 급하다 보니 그만 실례를 했어. 보트가 기울어서 네 쪽으로 다 흘러가는구나."

우웩, 하고 나는 토할 뻔했다. 누나는 톰에게 제발 비밀로 해 달라고 부탁했다.

누나는 손을 잡고 애국가를 부르자고 했다. 외국에 나와서 어려운 상황에 처할수록 떠나온 조국을 떠올리며 힘을 모아야 한다는 것이다.

"동해물과 백두산이 마르고 닳도록…… 아아아, 고마워라, 스승의 사랑……."

시작은 애국가였는데 역시나 끝은 또 스승의 은혜로 바뀌었다.

철석, 끼이익, 철석, 끼이익.

저쪽 안개로 뒤덮인 곳에서 파도를 헤치는 소리가 들렸다.

"톰? 톰이지? 여기야! 우리 여기 있어요!"

우리는 있는 힘을 다해 소리쳤다.

서서히 뭔가 안개를 헤치고 나타났다. 그런데 그건 톰이 아니었다.

"우가바우타우 가우가가 바타타이우따가워!"

통나무배를 탄 낯선 원시 부족들이 횃불을 들고 있었다.

그들은 결코 친절해 보이지 않았다. 얼굴에 웃음기라곤 없이 얼음처럼 굳은 표정이었고, 두 눈을 부릅뜬 채 우리를 자세히 살폈다.

그들은 우리 보트를 밧줄로 묶고 다시 노를 저어 어디론가 끌고 갔다.

"누나, 식인종은 아니겠지?"

"서, 서, 설마! 넌 꼭 재수 없는 얘기를 해서 겁을 준다니까."

한참 동안 어두운 바다를 헤치고 나가 어떤 섬에 도착했다.

그곳은 우리가 머물던 트리타섬이 아닌 것 같았다. 테마파크 같은 문명의 흔적은 하나도 보이지 않았기 때문이다.

우리는 원시 부족의 마을로 끌려 들어갔다.

그런데 마을 입구에 하얀 것들이 주렁주렁 매달려 있었다. 가까이 다가갔을 때 그것이 무엇인지 알아채고 온몸에 소름이 돋았다.

"해골!"

수십, 아니 수백 개가 넘는 해골들의 푹 파인 검은 눈들이 우리를 노려보고 있었다.

"이 부족은 식인종이 분명해!"

원주민들은 우리한테 아주 큰 솥에 각각 들어가라고 했다.

솥 안에는 물이 들어 있었다. 나무에 불을 지피자 서서히 따뜻해지면서 김이 났다.

"누나, 왜 우리를 목욕시키는 걸까?"

"우리가 더러워서 그런가 봐. 너무 걱정 마. 설마 먹기야 하겠니?"

"그래, 그럴 거야. 어디를 봐서 우리가 맛있겠어? 누나나 나나 밥맛없게 생겼잖아."

누나와 나는 서로 위로했지만, 이미 제정신이 아니었다.

'나는 초능력자다앗! 이럴 때 초능력이 나와야 한닷! 그런데 초능력을 어떻게 나오게 하는지 다 까먹었다……'

믿을 사람은 아인슈타인 박사님밖에 없었다.

'아인슈타인 박사님, 도와주세요! 제가 식인종들에게 잡아먹히면 아인슈타인 박사님도 세트로 함께 먹히는 거라고요. 지구를 구하기는커녕 식인종 밥이 되게 생겼어요!'

나는 아인슈타인 박사님을 마음속으로 애타게 불렀다. 그러나 박사님은 깊은 잠에 빠져서 대답이 없었다.

급한 마음에 나는 내 머리통을 수박 두드리듯 노크하며 중얼거렸다.

"아재 아재 갑툭튀! 아재 아재 갑툭튀!"

아인슈타인 박사님을 깨우기 위해서였다. 아재는 '아인슈타인 천재'의 줄임말이고, 갑툭튀는 '갑자기 툭 튀어나온다'는 뜻이다.

"유식아, 네가 언제부터 불교를 믿었니? 목탁 두드리듯 머리통을 두드리며 불교 주문을 외우다니."

그러던 누나도 물이 점점 뜨거워지니까 자기 머리를 목탁처럼 두드리며 따라 했다.

"아재 아재 갑툭튀, 아재 아재 갑툭튀······."

원시 부족은 장작불이 타고 있는 우리 주변을 빙빙 돌며 춤추고 노래를 불렀다.

"우끼다 우끼, 우끼리라 우끼라 우끼······."

"누나, 저분들이 우리보고 자꾸 웃기다고 해. 우리 얼굴이 웃기게 생겼나 봐."

"저렇게 춤추면 배가 금방 고파질 텐데······."

"그러면 우리를 더 빨리 먹을 텐데······."

누나와 나는 둘 다 아래윗니가 부딪치도록 덜덜 떨었다.

잠시 후, 원주민들은 천을 가져와 누나와 나를 깨끗하게 닦아 줬다.

"깨끗하게 닦아서 잡아먹으려나 봐."

원주민들은 우리에게 통나무집 안으로 들어가라고 했다.

우리 앞으로 멧돼지 통구이를 비롯한 온갖 음식과 과일들을 내놓았다.

"살을 찌워 잡아먹으려는 건가?"

"일단 먹어야 해. 그냥 죽나, 먹고 죽나, 죽는 건 똑같잖아."

그런데 원주민들의 음식은 입안에서 살살 녹을 정도로 맛있었다.

"대체 돼지에 뭔 짓을 한 거지?"

우리는 도망가라고 해도 배가 불러 한 발자국도 움직이지 못할 정도로 먹고 말았다.

나도 모르게 꺼억, 하고 길고 긴 트림을 할 때 누군가 통나무 집으로 들어왔다.

"나꾸겨생몬짜찐너."

키 작은 소녀가 알아들을 수 없는 말을 했다.

목걸이와 귀걸이를 하고, 옷차림이 화려했다. 이마에 둥근 모양의 상처가 있었다.

나이는 내 또래 정도로 보였는데, 이상하게 원주민 어른들이 굽실거리며 절을 했다.

"신분이 높은가 봐. 집에 보내 달라고 부탁하자."

나는 해맑게 웃으면서 "집! 집!" 하면서 보내 달라고 손가락으로 문을 가리켰다.

소녀는 높은 의자에 앉아 우리를 위아래로 훑어보면서 고개를 갸웃거렸다.

우리는 안 되겠다 싶어서 머리를 조아리며 넙죽넙죽 절을 했다. 너무 많이 먹어서 앉았다가 일어서는 게 힘들었다.

아랫배에 힘을 주며 일어서다가 그만 방귀를 뿌웅, 뽕, 하고 뀌었다. 나는 시치미를 떼고 눈을 휘둥그레 뜨며 누나를 가리켰다.

"나, 아니야! 아니라니까! 아임 노 방귀! 노 방귀!"

그 순간, 땅이 우르르우르르 울렸다. 땅속에서 커다란 굉음이 들렸다.

소녀와 원주민들의 눈동자가 동그래지면서 동시에 우리를 바라봤다.

쿵, 쿵. 우우우웅! 쿠쿠쿠쿠쿵!

"지진이다! 지진이야!"

기둥이 흔들리고, 집이 무너질 듯이 떨렸다. 땅은 점점 더 빠르고 세게 흔들렸다.

쌓아 놓은 그릇과 물건들이 춤을 추듯 덜덜거리다가 바닥에 떨어지며 박살이 났다.

땅이 파도처럼 출렁였다. 사람들은 돌멩이처럼 바닥에 나뒹굴었다.

누나가 비명을 질렀다. 중심을 잡기 어려웠다. 나는 땅에 넘어져 바닥에 머리를 찧었다.

땅이 반쪽으로 갈라질 것 같았다. 나는 갈라진 곳으로 빠져 지옥까지 떨어질 것 같았다.

"냐가누! 냐가누! 나와여데이쟁귀방가누!"

소녀와 원주민들은 납작 엎드려 두 손을 모으고 뭔가를 향

해 기도를 했다.

　바닥이 기우뚱 기울었다. 창밖을 보니 나무가 뿌리째 쓰러지고 작은 집들이 기울어지며 무너졌다.

　세상 모든 것이 울부짖는 것 같았다.

"으아아악! 이건 다 누나 때문이야아아아!"

"까아아악! 내가 안 꿔었다니까아아악!"

　세상은 쥐 죽은 듯이 조용해졌다.

　불과 30여 초 동안 벌어진 일이었다. 마을은 절반이 폐허가 됐다.

　우리를 바라보는 원주민들의 눈빛이 좋지 않았다. 부족장으로 보이는 할아버지가 우리를 지팡이로 가리키며 뭐라고 중얼거렸다.

덩치 좋은 청년들이 다가와 우리를 어디론가 끌고 갔다.

그곳은 어두컴컴한 동굴 감옥이었다. 부족장 할아버지는 화가 났는지 우리를 향해 뭐라고 큰소리를 치고는 돌아가 버렸다.

"우리는 꼼짝없이 죽었구나! 방귀 좀 참지 그랬어!"

"내가 아니라고!"

누나는 억울해하면서 씩씩거렸다.

그때 어디선가 향긋한 풀 냄새가 났다. 기둥 위에 주렁주렁 매달린 풀에서 나는 냄새였다.

'깻잎은 아니지만…… 그래도 혹시 씹으면 아인슈타인 박사님이 깨어날지도 몰라.'

나는 누나에게 엎드리라고 하고는 누나를 밟고 올라가 풀을 입안 가득 씹었다.

"아재, 아재, 갑툭튀!"

그 순간, 번쩍하고 뇌 속에서 뭔가 깨어나는 게 느껴졌다.

"어? 이게 무슨 냄새야. 내가 좋아하는 바질 허브잖아?"

"박사님, 아인슈타인 박사님! 급해요! 빨리 일어나세요! 저희 좀 구해 주세요! 식인종에게 잡아먹히게 생겼어요!"

"난 또 무슨 일이라고. 별일 아니야. 아훔!"

아인슈타인 박사님은 하품을 길게 하고는 다시 코를 골며 태평하게 졸기 시작했다.

 초능력자의 과학일기

지진은 왜 일어나는 걸까?

두 개의 지각판이 서로 충돌하거나 밀려서 들어갈 때 지진이 일어난다.

지각이 움직이는 이유는, 지각 밑에 있는 맨틀에서 대류 현상이 일어나기 때문이다. 예를 들어 끓는 물에 멸치를 넣으면 젓지 않아도 멸치가 빙글빙글 위아래로 돌면서 움직이는데, 이는 끓는 물에서 대류 현상이 일어나기 때문에 멸치가 움직이는 것이다.

마찬가지로, 맨틀에서 대류 현상이 일어나니까 그 위에 있는 지각도 움직이는 거다.

맨틀에서 왜 대류 현상이 일어나냐고? 지구의 핵은 엄청나게 뜨겁고, 지각은 차갑다. 맨틀은 뜨겁고 차가운 것 사이에 있기 때문에 온도 차이가 생겨서 대류 현상이 일어나는 거다.

지각이 슬슬 맨틀 위를 떠다니다가 지각 두 개가 서로 부딪치는 일이 생기는데, 이때 지각이 큰 충격을 받아서 땅이 우르르 울리면서 지진이 일어난다.

 지진은 땅에서만 일어나는 게 아니라 바다 밑에서도 일어난다. 그러면 바다의 큰 물결이 육지로 갑자기 밀어닥치는데, 이걸 해일 또는 쓰나미라고 한다. 어마어마하게 큰 파도와 바닷물이 육지로 갑자기 몰려오기 때문에 큰 피해를 준다.

 판과 판이 만나는 경계에서 두 판이 서로 부딪쳐 하나가 소멸되기도 하고, 서로 밀착되어 어긋나기도 하고, 서로 멀어져 새로운 지각이 형성되기도 한다.

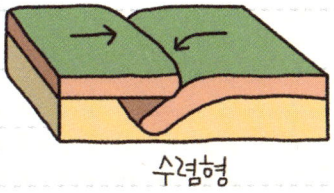

수렴형

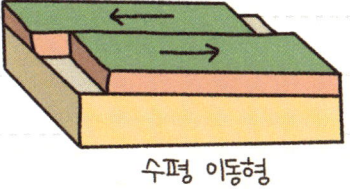

수평 이동형

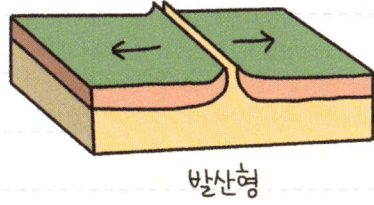

발산형

네 번째 사건

화산 폭발에서 탈출하다

밤이 깊었다. 숲은 검은 이불을 뒤집어쓴 듯 어둠으로 뒤덮였다. 밤하늘에 뜬 보름달이 빛나는 동전처럼 보였다.

누나와 나는 동굴 감옥에 갇혀 있었다. 나는 아인슈타인 박사님에게 어서 초능력을 발휘시켜 달라고 졸랐다.

"그건 내 마음대로 되는 게 아니야. 우선 네가 먼저 과학의 원리를 깨달아야 해. 그리고 나는 지금 두통이 너무 심해서 정신을 못 차릴 지경이야."

박사님의 목소리는 기운이 없었다.

저벅, 저벅, 어둠 속에서 발자국 소리가 났다.

달빛에 모습을 드러낸 사람은 원주민 소녀였다. 소녀는 우리에게 물과 과일을 건네주며 걱정스러운 눈빛으로 바라봤다.

소녀가 우리에게 뭐라고 말했지만 알아들을 수 없었다.

"박사님, 통역 정도는 해 주실 수 있지요?"

"내가 원주민 말을 어떻게 알겠느냐만, 인간의 언어에는 공통된 구조가 있으니 기본적인 규칙을 파악하면 대충 알아듣고 말할 수는 있을 거야."

잠시 후, 아인슈타인 박사님은 원주민의 인사말을 알려 줬다. 나는 아인슈타인 박사님이 알려 준 대로 소녀에게 말했다.

"안녕하세요. 제 이름은 나유식입니다. 별명은 너무식이고요, 열두 살이에요."

소녀의 눈이 보름달처럼 동그랗게 커졌다.

"어떻게 갑자기 우리가 쓰는 말을 술술 하시나요?"

소녀가 하는 말이 통역이 되어 들렸다.

"쉿! 당신만 알고 계세요. 제 정체는 빨간 내복의 초능력자입니다."

"빨간…… 내복? 초능력?"

소녀는 고개를 갸우뚱하고는 가슴에 손을 올리고 휴, 하고 숨을 길게 내쉬었다.

"역시 당신은 우리 부족을 구해 주기 위해 오신 분이군요! 유식 내복님, 저는 당신이 올 줄 미리 알고 있었습니다. 제 이름은 노주코 밤입니다."

"내가 올 줄 알고 있었다고요?"

나는 놀라서 감옥의 창살 사이로 얼굴을 내밀었다. 그때 누나가 나와 노주코 밤을 번갈아 바라봤다. 누나의 입이 벌어졌다.

"유식아, 너 지금 원주민이랑 말하는 거야?"

당황한 나는 뭐라고 거짓말을 해야 할지 몰라 눈동자를 데굴데굴 굴렸다. 문득 가방 안에 있는 스마트폰이 떠올랐다. 나는 누나 몰래 얼른 스마트폰을 꺼내 전원을 켰다.

"아, 하하하, 이건 스마트폰 앱으로 통역하는 거야. 요즘 새로 나온 인공 지능 통역기인데, 신기할 정도로 잘되네. 별점이 무려 다섯 개."

나는 스마트폰을 들고 통역하는 척하면서 소녀의 이야기를 들었다.

"유식 내복님, 저는 반투투 부족의 주술사입니다. 저는 주술의 힘으로 우리 부족에게 생기는 재앙을 막고 있지요. 저는 유식 내복님이 올 거라는 걸 일주일 전부터 이미 알고 기다리고 있었답니다. 한쪽 콧구멍이 큰 동양의 소년이 나타나 우리 부족을 멸망에서 구해 줄 거라고요."

나는 그제야 그동안 벌어진 알 수 없던 일들이 이해가 됐다.

안개 속에서 반투투 부족의 배가 나타나 우리를 데려온 일이나 우리를 목욕시키고 좋은 옷을 입히고 훌륭한 음식을 대접한 일은 다 그런 이유에서였다.

누나가 끼어들면서 내게 이렇게 물어보라고 했다.

"당신들은 우리를 언제 잡아먹을 겁니까? 우리는 살이 없어서 맛이 없습니다."

나는 이렇게 통역했다.

"당신 부족은 식인종인가요? 마을 입구에 걸린 해골들을 봤어요."

노주코 밤은 입을 가리면서 수줍게 웃었다.

"그건 해골이 아니라 해골 모양의 나무 열매예요. 이 섬에서만 자라는 특별한 열매인데, 나쁜 재앙을 막아 준다고 우리 부족은 믿고 있지요."

나는 누나에게 이렇게 통역해 주었다.

"누나, 누나부터 먹을 거래. 살이 많아서 맛있게 생겼대."

누나의 얼굴이 하얗게 질렸다.

"이럴 줄 알았으면 살을 뺄걸."

나는 누나가 불쌍해서 한마디 했다.

"당장은 안 먹을 거래. 아까 열다섯 명을 먹어서 배가 부르대."

"고, 고맙다고 전해 줘."

누나는 정신이 반쯤 나간 얼굴로 비틀거리며 구석으로 가 주저앉았다. 그래서 나는 누나의 눈치를 안 보고 마음껏 노주코 밤과 대화할 수 있었다.

노주코 밤은 나와 같은 열두 살이었다.

노주코 밤은 내게 신비로운 이야기를 들려주었다. 노주코 밤은 특별한 능력을 갖고 있어서 주술사가 되었다고 했다.

"나는 예지몽을 꿔."

예지몽은 미래를 내다보는 꿈이라고 했다. 내가 이 섬에 오는 모습도 꿈을 꾸어서 알게 되었다는 것이다.

"한 달 전에 무시무시한 꿈을 꾸고 말았어! 바위가 녹고, 산이 불타고, 땅이 갈라졌어. 죽음의 먼지가 세상을 뒤덮어서 앞을 볼 수 없었지. 온통 공포의 아우성으로 가득 찼어. 땅에서 지글지글 끓어오르는 붉은 물이 사람들을 휩쓸었어. 섬 전체가 불바다로 변하고, 모든 생명은 불타 버렸어. 죽음의 섬으로 변해 바다에 가라앉아 영원히 사라졌어."

노주코 밤은 끔찍한 모습을 떠올리며 부르르 몸을 떨었다. 그리고는 창살 너머로 내 손을 힘껏 잡았다.

"유식 내복, 우리를 구해 줘! 우리 부족 200명을 구해 줄 사람은 너밖에 없어!"

"내가? 내가 어떻게?"

"내가 예지몽으로 봤어. 네가 우리를 하늘로 날 수 있게 해 주었어."

나는 당황해서 손을 내저었다.

"나는 날지 못해. 그런데 어떻게 너희 부족 200명을 날게 할 수 있겠어? 그건 개꿈이야."

"개꿈? 개는 안 나왔어. 우리 부족은 개는 안 키워. 유식 내복, 내가 너를 풀어 줄게. 제발 우리를 날게 해 줘!"

초능력자의 과학수첩

무서운 화산 폭발과 지진이 일어난 사건

폼페이, 도시 전체가 사라지다

서기 79년 로마에는 번성한 도시 폼페이가 있었어. 그런데 폼페이는 하루 아침에 사라져 버렸지. 베수비오 화산이 있었지만, 활동하지 않아서 사람들은 사화산이라고 여겼어. 그런데 갑자기 베수비오 화산이 폭발했고, 폼페이는 순식간에 잿더미에 묻혔어. 수천 명이 죽고, 도시 전체가 사라져 버렸지.

산시성, 83만 명이 사망하다

역사상 가장 많은 사람이 사망한 지진은 중국에서 일어났어. 1556년 중국 산시성에서는 규모 8의 대지진이 일어났어. 단 몇 초 만에 도시가 잿더미가 됐어. 땅이 갈라지고, 솟아오르고, 꺼지면서 도시의 벽들은 모조리 무너져 내렸어. 무려 83만 명이 사망했어.

루이스, 용암과 홍수로 뒤덮이다

1985년 깊은 밤, 콜롬비아에 있는 루이스 화산이 폭발을 했어. 평화로웠던 8개의 마을은 용암과 홍수로 뒤덮였어. 화산재와 연기가 하늘 높이 뿜어지면서 산 위에 쌓인 만년설이 녹아 홍수가 났고, 도시를 집어삼켰어. 무려 2만 5천 명이 숨지는 참사가 일어났어.

노주코 밤이 감옥의 문을 열려고 할 때 등 뒤에서 누군가 나타났다. 지팡이를 쥔 부족장이었다.

"너희가 뀐 방귀 때문에 드래건님이 몹시 불쾌해하신다. 드래건님이 화를 내면 땅이 흔들리고, 산이 불을 뿜지. 수십 년 전에 드래건님이 크게 화를 내서 땅이 불을 뿜으면서 하늘로 솟구쳐 올라온 적이 있다. 그때 산꼭대기가 날아갔다!"

부족장은 지팡이로 바닥을 쿵쿵 찧으면서 소리를 질렀다.

"방귀는 제가 안 뀌었어요! 제발 먹지 마세요."

누나가 애처롭게 부탁했지만, 부족장은 누나의 말에 오히려 화를 냈다. 내가 이렇게 통역했기 때문이다.

"방귀를 살살 뀐 거래요. 안 풀어 주면 방귀로 마을 전체를 날려 버릴 거래요."

"으윽, 너희 같은 육지인들이 몰려와서 섬을 마구 파헤치고, 나무를 베고, 불빛이 번쩍이는 요란한 건물을 세우고, 시끄럽게 음악 소리를 내서 드래건님은 화가 난 거다. 바닷물이 뜨거워지고, 새들과 동물들이 도망을 가고, 땅이 흔들리는 걸 보면 알 수 있다. 드래건님의 분노를 잠재우려면 육지인을 제물로 바쳐야 해. 내일 새벽, 태양이 떠오르는 순간, 너희를 제물로 바칠 것이다!"

부족장은 으름장을 놓고는 어둠 속으로 사라졌다.

나는 노주코 밤에게 섬의 땅속에 사람을 잡아먹는 드래건이 사는지 물었다.

"드래건은 불타는 산이야."

"불타는 산이라면? 불 화(火) 산? 화산?"

나는 내일 아침에 누나와 내가 화산에 던져질 거라는 걸 알게 됐다.

"박사님, 화산에 던져지면 어떻게 되는 거지요?"

"화산 속에는 암석이 녹아서 부글부글 끓고 있어. 그걸 마그마라고 해. 마그마가 화산 밖의 땅 위로 나오면 용암이 되는 거야. 그러면 하늘에서는 불의 비가 내리는 거야. 그러니까 화산에 던져지면 펄펄 끓는 용광로에 빠지는 거나 마찬가지겠지."

뼈도, 살도 흔적도 없이 녹아서 사라져 버릴 것이다. 상상만 해도 끔찍했다.

"어서 나와. 도망쳐!"

깊은 밤, 다시 동굴 감옥으로 찾아온 노주코 밤은 문을 열었다. 나는 노주코 밤에게 함께 도망치자고 했다. 그러나 노주코 밤은 거절했다.

"나는 우리 부족을 지켜야 해. 유식 내복, 다시 돌아와서 우리 부족을 구해 줄 거지? 우리 부족이 하늘을 날 수 있도록 해 줄 거지?"

나는 노주코 밤의 말에 얼떨결에 고개를 끄덕이며 "으응." 하고 대답하고 말았다.

어디로 도망을 가야 할지 알 수 없었다. 누나의 손을 잡고 숲 속을 무조건 달렸다. 희미한 달빛에 비친 나무들이 괴물처럼 보였다. 숨을 헐떡이며 한참을 내달렸다.

"조심해!"

나무 뒤에서 손이 쑥 나와 내 등덜미를 잡았다.

으악, 하고 놀라서 비명을 지르며 주저앉았다. 어둠 속에서 두 사람이 툭 튀어나왔다.

"아빠? 엄마?"

"유식아, 유나야!"

우리는 서로 끌어안고 엉엉 울었다.

"너희 앞을 봐. 그대로 내달렸으면 아래로 추락했을 거야."

우리 발 앞에 까마득한 절벽이 있었다. 아빠가 잡지 않았다면 끔찍한 일을 당했을 것이다.

"유식이가 스마트폰을 켜서 GPS를 추적해 간신히 위치를 찾았어."

누나에게 통역기 앱이라고 거짓말을 하며 스마트폰을 켠 것이 도움이 됐다.

누나는 눈물 콧물을 훌쩍이며 그동안 있었던 식인종 이야기 등을 늘어놓았다.

"저길 봐!"

엄마가 플래시로 하늘을 비췄다. 새들이 하늘을 새카맣게 뒤덮으며 어디론가 날아갔다. 또 계곡 위로 두꺼비 수천, 아니 수만 마리가 울면서 떼를 지어 이동했다.

"이건 무슨 조짐이지? 무슨 일이 일어날 것 같아. 동물들은 자연재해가 일어날 때 이상 행동을 하는 경우가 있어."
　엄마가 심각한 표정으로 말했다.
"화산이 폭발할 거래요."
　내가 말했다.

초능력자의 과학수첩

동물들의 이상 행동!
화산 폭발이나 지진을 미리 알까?

지진을 미리 알 수 있다면 얼마나 좋을까? 그러나 현재의 과학으로는 지진이 일어나는 걸 아주 완벽하게 예측하기는 어려워.

그런데 놀랍게도 동물들은 지진이나 자연재해가 일어날 때를 미리 감지하고 이상 행동을 하는 경우가 있대.

1969년 중국 해청시 : 지진이 있기 전, 동물원의 곰이 소리를 지르고, 백조들이 물에 들어가지 않으려던 사건. 동물 관리인이 지진 예측 기관에 알림.

2001년 일본 히로시마 : 지진이 있기 전, 고래 171마리가 해안가에서 죽은 사건.

2008년 중국 쓰촨성 : 지진이 있기 전, 두꺼비 수십만 마리가 떼 지어 이동한 사건.

2011년 뉴질랜드 크라이스트처치 : 지진이 있기 전, 고래 107마리가 해변에서 죽은 사건 등.

동물은 사람보다 감각이 뛰어나서 암석층이 갈라지거나 대기 압력이 변화하는 걸 느낄 수 있어. 지구의 자기장을 이용해 목적지까지 날아가는 철새는 자기장이 진동하는 걸 느끼지. 그래서 어떤 큰 변화가 온다는 걸 미리 알아챌 수 있는지 몰라. 하지만 과학적으로 아직 증명된 건 아니야.

"킹 메리 화산이 폭발한단 말이야?"

아빠가 믿기지 않는다는 말투로 물었다. 그때 땅이 또다시 우르르 울렸다.

"또 지진이 일어나네. 우리가 있는 이곳 트리타섬은 '불의 고리'는 아니야. 화산 폭발이나 지진의 위험성이 있는 곳은 아니란 말이야. 그런데 계속 여진이 일어나고 있어."

"불의 고리라니요?"

"지구에서 일어나는 지진의 90%, 화산 폭발의 75%는 불의 고리에서 일어나지. 서두르자! 더 큰 재앙이 닥쳐오기 전에 안전한 곳으로 피해야 해!"

우리 가족은 아빠가 몰고 온 테마파크의 버기카를 타고 숲을 가로질러 불카누스 테마파크로 향했다.

쾅! 콰, 콰, 쾅!

킹 메리 화산이 대포 소리와 함께 불을 뿜었다.

뿌연 먼지가 바람을 타고 서서히 내려왔다. 불이 났을 때 생기는 재 같았다. 콜록콜록 기침이 나왔다.

"이건 화산재야! 화산재가 섬을 뒤덮고 있어!"

거대한 폭발 소리에 테마파크 전체가 뒤흔들렸다. 킹 메리 화산의 꼭대기에 붉은빛이 번졌다.

"땅속에서 마그마가 올라오기 시작했어! 저 마그마가 용암이 돼 흘러내리면 참혹한 피해가 일어날 거야."

테마파크에 비상 사이렌이 울렸다.

대피하라는 목소리가 스피커에서 긴급하게 쏟아졌다.

건물에서 나온 사람들이 항구를 향해 달리기 시작했다. 사람들은 공포에 빠진 말들처럼 미친 듯이 달렸다.

사람이 넘어져도 그 위를 밟고 지나갔다!

나는 한 번도 경험해 보지 못한 대재앙이었다!

밤이 지나고 새벽이 왔지만, 화산재로 주변이 잘 보이지 않았다.

눈이 따끔거리고 숨을 쉴 수 없을 정도로 목이 매캐했다. 사람들은 비명을 지르고, 헤어진 가족을 부르며 울부짖었다.

나는 지옥의 입구에 선 것 같았다.

초능력자의 과학수첩

지진이 일어나는 '불의 고리'

지구에서는 1년에 100만 번 이상 지진이 일어나. 지진이 많이 일어나는 지역을 지진대라고 해. 또 화산이 길게 띠 모양으로 이어져 있는 지역을 화산대라고 하지.

지구에서 지진이 가장 많이 일어나는 곳을 '불의 고리'라고 불러. 태평양 주변인데, 이것을 '환태평양 지진대'라고도 불러.

아메리카 대륙의 서쪽 해안과 러시아, 일본, 중국의 동쪽 해안, 그리고 터키와 이란, 유럽의 남쪽이 바로 불의 고리에 속하지. 그래서 이 지역에 지진이 많이 일어나는 거야.

우리나라가 불의 고리에 있지 않은 게 천만다행이지!

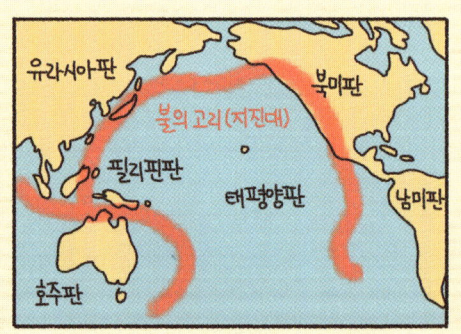

"빨리 피하세요! 항구로 가면 긴급 대피선이 있을 거예요!"

톰이 우리 가족을 향해 소리쳤다.

"나는 갈 수 없어요!"

나는 아빠와 엄마에게 말했다.

"유식아, 왜 그래? 두고 온 물건이 있니?"

"반투투 부족을 구하러 가야 해요!"

"아까 그 식인종들 말이야? 너, 제 정신이야?"

누나가 펄쩍 뛰었다.

"식인종 아니야. 내가 장난친 거야. 노주코 밤이랑 약속했어. 내가 그 부족들을 구해 주기로."

"네가 무슨 수로 부족 전체를 구한단 말이냐? 지킬 수 없는 불가능한 약속은 어겨도 되는 거야. 가자, 유식아, 더는 지체해서는 안 돼!"

아빠가 내 손을 잡아끌었다. 나는 아빠의 손을 힘껏 내쳤다.

"먼저 가세요! 제가 꼭 반투투 부족을 구해서 돌아올게요!"

"오, 마이, 갓! 소사, 소사, 맙소사! 이러지 마. 너 혼자 잘난 척하지 마."

톰이 머리를 쥐어뜯으면서 어색한 한국말로 괴로워하며 말했다.

"반투투 부족은 200명은 될 거야. 나도 아는 사람이 있다고. 깜박 잊을 뻔했네. 너 혼자 보낼 수는 없지!"

톰은 입구에 세워 둔 버스로 달려갔다.

"버스 한 대에 200명을 다 태울 수는 없어. 나도 가야겠다!"

아빠가 달리자, 엄마도, 누나도 달렸다.

"이건 다 너 때문이야!" 하고 누나가 씩씩거렸다.

버스 두 대가 거침없이 산길을 달렸다.

반투투 부족은 마을 앞 들판에 모여 있었다. 화산을 향해 절을 올리며 제사를 지내는 중이었다.

"불의 드래건이여, 하늘로 솟구치소서! 불의 비여, 내리소

서. 섬을 오염시킨 육지인들을 벌하소서."

부족장이 머리 위로 지팡이를 흔들며 외치면 부족민들이 따라서 외쳤다.

톰이 버스에서 내리면서 어서 피하라고 소리쳤다. 그러나 부족장의 눈치를 보느라 사람들은 버스에 타지 못했다.

"불의 드래건이 우리는 지켜 줄걸세. 우리를 보호해 주겠다고 신이 약속했네."

부족장의 말에 톰은 황당한 표정을 지었다.

"이 사이비 족장! 사람들을 다 죽이고 싶어서 그래요?"

톰이 부족장에게 대들었다. 부족장은 지팡이를 톰을 향해 휘둘렀다.

"꺼져! 육지의 악마들아, 너희 때문에 신이 노여워하시는 거야. 불의 비를 받아랏!"

쿵, 쿵, 하고 뭔가 하늘에서 떨어졌다. 그건 바위와 주먹만 한 돌들이었다. 화산에서 뿜어져 나오는 것들이었다.

"으으윽."

부족장이 비틀거리더니 그대로 쓰러져 기절해 버렸다. 부족장의 머리에 돌이 떨어진 것이다.

"우리를 지켜 준다더니? 부족장님이 먼저 맞았네?"

반투투 부족민들이 웅성거렸다.

쾅, 쾅, 대포 쏘는 듯한 소리가 하늘을 찢을 듯이 울려 퍼졌다. 겁에 질린 부족민들이 버스에 올라타기 시작했다.

우리 가족은 부족민들을 안내해 아이와 노인들 먼저 차례대로 태웠다.

기절한 부족장도 간신히 태웠다.

들판에 제일 마지막에 남은 한 사람이 있었다.

작은 소녀 노주코 밤이었다. 나는 노주코 밤의 손을 잡았다.

"약속을 지켜 주었구나. 내 예지몽이 맞았어."

"어서 타자. 모두 안전할 거야."

버스는 다시 산길을 내달렸다. 먼지와 화산재가 너무 심해서 한 치 앞도 보이지 않았다.

킹 메리의 꼭대기에서 시뻘건 용암 줄기가 산등성이를 타고 흘러내리기 시작했다.

지글지글 끓어오르는 용암이 바위와 나무들을 쓰러뜨리며 휩쓸고 내려왔다. 버스보다 더 빠른 속도 같았다.

"여보, 이것밖에 못 달려요? 더 밟으란 말이에요!" 하고 엄마가 외쳤다. 부우우웅, 하는 소리가 나더니 버스가 마치 하늘에 뜬 것 같은 느낌이 들었다.

쿠앙, 쾅, 쿠쿠쾅, 끼익, 철퍽, 쿵.

달리는 건지, 나는 건지, 구르는 건지 모를 속도로 우리는 항구에 도착했다.

버스는 문이 다 날아간 상태였다.

그런데 배가 보이지 않았다. 긴급 대피선은 테마파크 사람들만 태운 채 이미 떠나 버린 후였다.

모두 정신이 나간 얼굴로 저 멀리 떠나간 배를 멍하니 바라볼 뿐이었다.

"거봐라, 육지인들을 믿으면 안 돼! 우리를 지켜 주는 건 불의 신뿐이라니까. 다시 마을로 돌아가자!"

이마에 핏자국이 난 부족장이 기절했다가 깨어나 손가락질했다. 용암은 섬 전체를 집어삼킬 듯 쏟아져 내려왔다.

"여기가 끝인가? 다시 애국가를 불러야 하나?"

아빠가 멍하니 정신 나간 표정으로 중얼거렸다.

그 순간 무슨 소리가 들렸다.

투타타타다, 투타타타다타.

"이건 헬기 소리예요!"

아주 큰 군용 헬기 두 대가 화산재를 뚫고 하늘에서 내려왔다.

"긴급 구조 신호를 받고 왔습니다. 아, 사람이 너무 많네요.

한꺼번에 다 태울 수는 없을 것 같은데…….”

조종사가 걱정스러운 목소리로 말했다.

“버스를 헬기에 매달면 어떨까요?”

내가 물었다.

“그것 좋은 생각이구나. 우리는 탱크를 매달아 이동하는 헬기라서 버스 정도는 안전하게 매달 수 있어. 멀지 않은 곳에 유조선이 지나고 있다는구나. 그곳에 버스를 내려놓으면 안전하겠어.”

우리는 반투투 부족과 함께 하늘을 날았다.

“내 예지몽이 맞았어! 유식 내복이 우리 부족을 하늘로 날아오르게 한다고 했잖아!”

노주코 밤이 두 팔을 번쩍 들며 환하게 웃었다.

우리는 무사히 거대한 유조선 위에 착륙했다.

쿠왕, 쾅, 콰아앙, 쿵웅쿵!

우리는 저 멀리 트리타섬이 폭발하는 모습을 지켜보았다. 누구도 말을 하지 않았다. 무거운 침묵이 우리를 에워쌌다.

“모르겠군, 도무지 모르겠어.”

조용히 있던 아인슈타인 박사님이 의심스러워하는 목소리로 중얼거렸다.

"무엇을 모르겠다는 말씀이세요?"

"화산이 폭발한 이유를 말이야. 누군가 꼭 급작스럽게 일부러 화산을 폭발시키고 지진을 일으킨 것 같단 말이야."

"지각이 충돌해서 벌어진 일이 아닌가요?"

"여러 가지를 조사해 봤지만, 그런 것 같지 않아."

나는 믿어지지 않아서 말이 빨라졌다.

"사람이 했단 말인가요? 사람이 일부러 화산 폭발이나 지진을 일으킬 수 있나요?"

"뭐, 화산 밑의 깊은 지하에 강력한 폭탄을 터트려서 지각에 충격을 준다면 가능한 일이지."

나는 고개를 흔들었다.

"설마요. 트리타섬에 얼마나 많은 사람과 생물들이 살고 있는데, 모조리 죽일 정도로 나쁜 악당이 이 지구에 있단 말이에요? 그럴 리가 없잖아요."

"나도 그렇게 믿고 싶구나. 그렇지만 트리타섬은 지구에서 가장 안전한 곳 중 하나라고 소문이 났지 않니? 이건 세상과 가장 동떨어진 곳이라는 뜻이기도 해. 그래서 이곳에서 위험한 실험을 할 수도 있어. 수십 년 전 어떤 나라가 이 근처에서 핵 실험을 한 적도 있으니까."

핵 실험이라는 말에 나도 모르게 숨을 멈췄다.

"만약 박사님의 추측대로 누군가 일부러 화산 폭발을 일으키는 실험을 했다면, 그 사람은 누굴까요?"

"지구를 정복하려는 미치광이겠지. 앞으로 너와 나는 그 미치광이의 정체를 밝혀야 할지 몰라."

나는 멈췄던 숨을 길게 내쉬었다.

"아참, 박사님, 죄송해요. 임무를 완수하지 못해서요."

나는 트리타섬에 온 임무를 떠올렸다. 그건 미래를 알려 주는 마법의 소라고둥을 찾기 위해서였다.

"소라 비슷한 것도 보지 못했어요."

"후후, 넌 이미 마법의 소라고둥을 찾았어. 바로 네 옆에 있지 않니?"

놀란 나는 주변을 두리번거렸다.

내 옆에는 노주코 밤이 담요를 쓴 채 조용히 잠들어 있었다. 노주코 밤의 이마에 있는 둥근 상처가 눈에 들어왔다.

"설마, 설마……?"

"그래, 노주코 밤이 바로 미래를 내다보는 마법의 소라고둥이란다."

"노주코 밤의 예지몽, 바로 그거였구나!"

노주코 밤이 내가 지른 소리에 놀라 잠에서 깼다. 나는 아무 말도 안 했던 것처럼 시치미를 뗐다.

"무서운 꿈을 꿨어. 지구의 미래를 봤어. 폭우가 쏟아지고, 홍수가 일어나고, 지진과 화산 폭발이 연이어서 일어났어. 엄청난 재해가 지구를 휩쓸었어. 도시는 불타거나 물에 잠기고, 생명들은 죽어 갔어. 그리고 검은 그림자들이……."

"검은 그림자들?"

"검은 그림자들이 지구 곳곳에서 무서운 재앙을 퍼뜨리고 있었어. 얼굴은 보이지 않고, 모두 기계로 찍어 낸 듯 똑같은 모습이야. 아, 이번 예지몽은 정말 맞지 않았으면 좋겠어. 유식 내복, 개꿈이겠지?"

"그, 그래. 개꿈일 거야."

나는 노주코 밤을 안심시키려고 애썼지만, 불안해졌다.

노주코 밤은 목걸이를 만졌다. 호박 목걸이 속에 작은 돌멩이가 들어 있었다.

"앗, 그건!"

그 돌멩이는 내가 가진 별똥별과 비슷했다.

"이 돌멩이를 숲에서 우연히 주운 후부터 예지몽을 꾸는 능력이 생겼어."

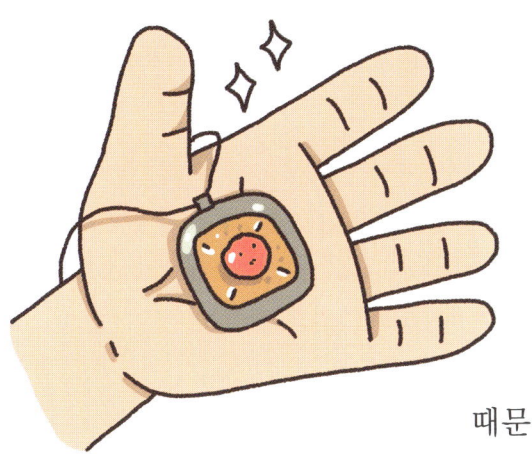

그런 거였구나, 하고 마음속으로 중얼거렸다.

'우리가 초능력을 가진 것은 모두 우주 저 멀리에서 날아온 특별한 별똥별 때문이었구나. 혹시 우주의 어떤 존재가 지구를 구하기 위해 초능력을 일으키는 별똥별을 우리에게 보낸 게 아닐까?'

엉뚱한 상상이 별똥별처럼 머릿속을 스치고 지나갔다.

3권에서 계속

 초능력자의 과학일기

화산 폭발과 지진은 인류에게 나쁜 것일까?

지진이나 화산 폭발은 판 구조 운동 때문에 일어나. 판 구조 운동이 없다면 지진이나 화산 폭발도 일어나지 않아서 사람들은 피해를 입지 않을 거야. 그러나 판 구조 운동이 없으면, 지구는 생명체가 살 수 없는 곳이 돼 버려. 판 구조 운동은 지구에 생명 활동이 지속될 수 있도록 에너지를 공급하거든.

화산 활동을 하면 안에 있는 이산화 탄소가 대기 중으로 올라오고, 그게 지구를 따뜻하게 데워 지구 온도를 일정하게 해 줘.

석탄과 석유도 판 구조 운동으로 만들어져. 판이 움직이면서 바닷속에 있는 플랑크톤과 유기물이 땅속으로 들어가고, 이 플랑크톤과 유기물이 환경 조건이 맞을 때 석유로 변하는 거야.

사람 체온이 37도인 것처럼 나도 일정하게 온도를 유지해야 해!

우리나라는 지진에 안전할까?

우리나라는 지진에 안전하다고 생각하는 사람들이 많지만, 최근 들어서는 지진이 점점 자주 일어나고 있지.

우리나라는 유라시아판 지각의 한가운데 있어서 비교적 안전한 편이야. 그렇지만 유라시아판에 아주 큰 충격이 오면 일본이나 중국에 전해져 우리나라까지 지진이 일어날 거야. 따라서 늘 지진에 대비한 안전 교육을 소홀히 해선 안 돼.

유라시아판은 무엇일까?

말 그대로 유럽과 아시아 대륙을 포함하는 판이야. 서쪽 대서양 중앙 해령에서 새로운 지각이 만들어지면서 유라시아판을 동쪽으로 밀지.

남쪽으로는 아프리카판, 아라비아판 및 호주-인도판과 접하는데 약 6천만 년 전에 유라시아판과 인도판이 충돌해서 히말라야 산맥이 만들어졌어. 또 알프스 산맥은 유라시아판과 아프리카판의 충돌에 의해 만들어진 산맥이야.